DECIPHERING SCIENCE SERIES
破译科学系列

王志艳 主编

中外历史文化
悬疑大揭秘

科学是永无止境的
它是个永恒之谜
科学的真理源自不懈的探索与追求
只有努力找出真相，才能还原科学本身

延边大学出版社

图书在版编目（CIP）数据

中外历史文化悬疑大揭秘 / 王志艳主编 . —延吉：延边大学出版社，2012.7（2021.6重印）
（破译科学系列）
ISBN 978-7-5634-3864-8

Ⅰ．①中… Ⅱ．①王… Ⅲ．①世界史－文化史－通俗读物 Ⅳ．① K103-49

中国版本图书馆 CIP 数据核字（2012）第 161066 号

中外历史文化悬疑大揭秘

编　　著：王志艳
责任编辑：李东哲
封面设计：映像视觉
出版发行：延边大学出版社
社　　址：吉林省延吉市公园路 977 号　邮编：133002
电　　话：0433-2732435　传真：0433-2732434
网　　址：http://www.ydcbs.com
印　　刷：永清县晔盛亚胶印有限公司
开　　本：16K　165×230 毫米
印　　张：12 印张
字　　数：200 千字
版　　次：2012 年 7 月第 1 版
印　　次：2021 年 6 月第 3 次印刷
书　　号：ISBN 978-7-5634-3864-8
定　　价：38.00 元

版权所有　　侵权必究　　印装有误　　随时调换

中外历史文化悬疑大揭秘

前言 Foreword

　　伴随着人类走过的足迹，历史，有辉煌的篇章，有可歌可泣的故事，但更有多少历史是那么令人唏嘘，令人百感交集，令人费解……狮身人面像没有鼻子吗？传世最早的国际条约是什么？隶书起源于何时？孙权故里在何处？金字塔只是法老的陵墓吗？木乃伊水晶起搏器从何处来？夏朝的文化遗址究竟在哪里？

　　……请翻开这本书，就会带你进入悬案觅踪之旅，叩开尘封已久的真相之门。

　　我们编辑此书的目的，是为青少年读者提供优秀的读物和阅读的空间，开阔思路，开阔眼界，增长知识。本书是一本集知识性、趣味性为一体，囊括古今中外历史文化知识的读物，书中详尽地向青少年读者展示了那些令人困惑不解的未解之谜与神奇现象。同时，我们还精心挑选配上许多精美的图片，图文并茂的读物，既可以让青少年朋友了解扣人心弦的历史文化未解之谜，更可以让他们获得读书的乐趣。希望广大青少年朋友能够通过对本书的阅读，获得知识，学好知识，提高自身的素质和文化修养，从书中获益，在本书的陪伴下快乐、健康地成长！

　　本书在编写过程中，参考了大量相关著述，在此谨致诚挚谢意。此外，由于时间仓促加之水平有限，书中存在纰漏和不成熟之处自是难免，恳请各界人士予以批评指正，以利再版时修正。

目录 CONTENTS

人类最早的文明始于何时　//1

传世最早的国际条约是什么　//3

首创拼音文字的是哪个民族　//4

为什么说所罗门是智慧的化身　//5

释迦牟尼出于什么原因创建佛教　//6

佛教创始人释迦牟尼真的存在过吗　//7

马拉松长跑运动是怎么来的　//9

世界有文字记载以来的第一位科学家是谁　//10

基督教起源之谜　//12

《圣经》是一部什么样的书　//13

"加洛林文化"兴起之谜　//14

伊斯兰教兴起之谜　//15

《天方夜谭》中的故事是否全部纯属虚构　//16

但丁为什么要创作《神曲》　//18

是谁出卖了耶稣　//19

布鲁诺为什么被烧死了　//22

你知道凡尔赛宫的来历吗　//23

曾引起巨大轰动的电影《铁面人》中的"铁面人"究竟是谁　//25

俄国文豪托尔斯泰出走之谜　//28

传国玉玺之谜　//31

中外历史文化悬疑大揭秘
ZHONGWAILISHIWENHUA
XUANYIDAJIEMI

狮身人面像没有鼻子吗　//38

古希腊文化之谜　//40

《荷马史诗》之谜　//42

到底有没有荷马其人和《荷马史诗》　//50

荆轲刺秦王之谜　//54

我们的祖先是否和恐龙共存过　//61

古罗马第一军团失踪之谜　//63

先知摩西之谜　//66

最古老的纸画——纸莎草纸画之谜　//69

武则天出身显赫吗　//72

三星堆表明是犹太人建立了中国吗　//74

《孙子兵法》走向世界之谜　//78

玛雅人的数学发明之谜　//81

曹雪芹是《红楼梦》的作者吗　//84

郑和船队在海上吃什么　//87

阮玲玉遗书之谜　//91

古希腊戏剧之谜　//95

破解契丹族失踪之谜　//97

世界上真的有吸血鬼吗　//100

亚历山大的尸骨在威尼斯吗　//103

隶书起源于何时　//106

目录 CONTENTS

《木兰诗》是什么时候所作 //108

曹操为何要杀华佗 //109

传世古籍《山海经》的难解之谜 //112

是否有梁祝其人其事 //114

真有唐伯虎点秋香之事吗 //115

贝多芬的"不朽的爱人"是谁 //116

印度史诗的价值 //118

奥运圣火的来历 //119

《霓裳羽衣》的传说 //120

灶神究竟是谁 //121

古今罗汉知多少 //123

歌唱何时开始之谜 //125

观世音性别之谜 //128

门神由来之谜 //130

世界名画《拉·福尔纳里娜》是不是赝品 //132

世界上第一位女诗人是谁 //134

安徒生是国王的儿子吗 //137

普希金的《一号日记》哪里去了 //139

梅尔维的《白鲸》影射什么 //141

蒲松龄血统之谜 //144

海明威自杀之谜 //146

中外历史文化悬疑大揭秘
ZHONGWAILISHIWENHUA XUANYIDAJIEMI

玛丽莲·梦露死亡之谜　//148

敦煌藏经洞封闭时间之谜　//151

最早的《圣经》中译本始于何时　//153

古罗马进行角斗的目的何在　//155

突厥人崇拜狼之谜　//158

犹太教为何具有那么大的凝聚力　//160

萨满巫师为什么会改变性别　//162

黄帝埋在什么地方　//165

包公为什么有两座墓　//168

西王母宫之谜　//171

孙权故里之谜　//174

夏朝的文化遗址究竟在哪里　//178

人类最早的文明始于何时

大约在距今12000年前,太平洋中曾经存在过一个高度文明的古大陆,这个古大陆的名字就叫"姆大陆"。

据说姆大陆的面积占据了南太平洋的大部分,南起塔希提岛,北接夏威夷群岛,东至复活节岛,西止马里亚纳群岛,面积相当于南北美洲面积的总和。现在的波利尼西亚群岛、密克罗尼西亚群岛、美拉尼西亚群岛上的居民据说就是姆大陆遗民的后裔。

"姆大陆"一名是由何处而来的呢?这要归功于19世纪的一位法国学者,他叫德·布尔。他在马德里皇家历史学会图书馆里发现了西班牙征服中美洲时代的神甫狄埃戈·德·兰达撰写的《尤卡坦事物考证》(又称《尤卡坦纪事》)的手稿,他根据手稿中记录的玛雅象形文字草图,阅读了现收藏在西班牙的玛雅文献《特洛阿诺抄本》,发现其中有两处记录了一个名叫"姆"的大陆因火山灾害而消失,"姆大陆"就因此而得名。

据说,在远古时期,太平洋中曾有过一个姆大陆。它是人类文明的摇篮,鼎盛时期的人口约多达64万,生活在这个大陆的居民有黄、白、黑各三肤色的人种。他们无贵贱、贫富之分,和睦相处。姆大陆的君主叫拉·姆,他既是姆大陆的最高统治者,又是最神圣的宗教领袖。姆大陆居民信奉单一的宗教。

姆大陆的居民拥有高度的文化素养,在建筑和航海方面尤其出类拔萃。他们在世界各地都拥有殖民地。姆大陆上共有七大城市,其中希拉尼普拉是首都,境内道路纵横交错,四通八达,港口中船舶云集,商旅不绝,到处是一派宁静祥和的气氛。

可是,有一天姆大陆发生了可怕的火山爆发,刹那间,天崩地裂,山呼

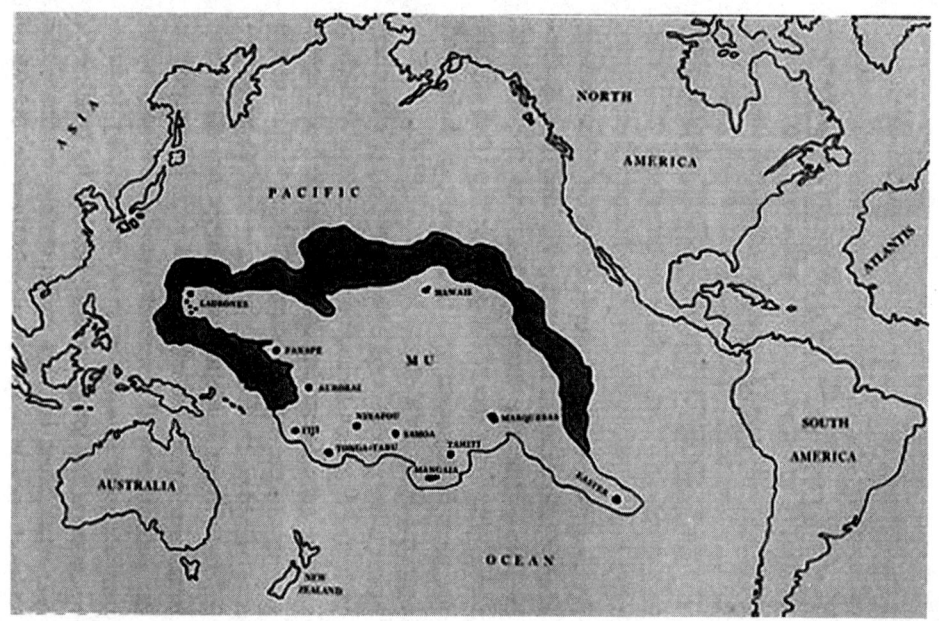

△ 姆大陆想像图

海啸，岩浆流溢。姆大陆的居民与辽阔的沃土一夜之间沉入汪洋大海之中，仅有几处高地露出洋面，侥幸生存下来的居民被隔离在一座座小岛上，姆大陆的辉煌瞬间烟消云散，再也没有人知道这里曾是人类文明的发源地。

至于姆大陆消逝后的遗迹，可能在太平洋诸岛上出现过。现在的复活节岛上有众多巨人石像和刻有文字的石板很可能就是姆大陆的遗物。波纳佩岛附近的南马特尔小岛上的建筑遗址以王陵所在的"神庙岛"为中心，据说也是姆大陆的遗迹。塔希提岛上有一种类似中美洲金字塔的建筑物，也是姆大陆的遗物……这些互不相关的遗址和遗物真的是消逝的姆大陆的居民创造的吗？我们不得而知。

传世最早的国际条约是什么

埃及第十九王朝（公元前1320～前1200年）的统治者们继续推行对亚洲的扩张政策，攻占推罗，进军叙利亚，企图维持第十八王朝的疆界。此时位于小亚细亚的赫梯人日益强大起来，也开始图谋侵占南部叙利亚，与埃及

△ 赫梯首都哈图沙外城的狮门

形成剑拔弩张的对峙局面。于是，这两个奴隶主集团为争夺对叙利亚地区的统治权发生了战争。拉美西斯二世（约公元前1304～前1237年）调集3万大军与赫梯王穆瓦塔尔所率领的军队大战于奥伦特河畔的卡迭石，双方都未取得决定性的胜利。此后，双方断断续续地进行了长达16年的战争，最后埃及取得了对赫梯的胜利。公元前1280年，双方签订了《赫梯国王哈吐什尔和埃及法老拉美西斯二世的和平条约》，这是传世的最早的一部国际条约。缔约双方瓜分了叙利亚领土，双方规定确立和平，互不侵犯，并结成军事同盟以对付共同的敌人，同时还商定了互不接纳并引渡对方的"亡命者"。

首创拼音文字的是哪个民族

腓尼基字母的创制是腓尼基文化的最大创造，它使拼音文字逐渐推广于古代各民族之中。由于腓尼基发达的航海和国际商业贸易：一方面经济的发展需要及时编制商业文件，要求有一套普遍易懂的、简单方便的文字体系；另一方面，由于腓尼基从事国际商业活动，广泛接触并熟悉古代各国的文字，使它创造新的字母文字成为可能。于是，腓尼基人利用埃及的象形文字和巴比伦的楔形文字创造了世界上第一套拼音字母。古代希腊字母和阿拉米亚字母都来源于腓尼基字母。希腊字母后来又发展为拉丁、斯拉夫字母，阿拉米亚字母后来发展为印度、阿拉伯、亚美尼亚、维吾尔等字母。可以说，腓尼基字母是现今世界上各族字母的共同祖先，它的发明是对世界文化的巨大贡献。

△ 腓尼基字母

△ 腓尼基人有优越的航海能力

为什么说所罗门是智慧的化身

所罗门是以色列——犹太王国国王（约公元前960~约前930在位）——大卫王之子。所罗门继承王位以后，不断地消灭自己的政敌，还通过联姻巩固自己的地位。据《圣经》记载，所罗门的后妃上千，他与各个国王的女儿和姐妹成婚，其中有一个埃及法老的女儿。在所罗门的以色列——犹太王国的繁荣时期，所罗门把以色列原有的12支派重新划分为12个行政区，每一区任命一个总督。所罗门以武力维持本国的版图，军队有步兵、战车兵和骑兵。所罗门与推罗王希兰一世缔交，希兰给予他大量香柏木，

△《所罗门的审判》油画

所罗门回报以20座城池。王国以商业为主，所有政府机构都为贸易服务。所建的贸易站网后来成为犹太人在外聚居区的核心。所罗门在都城耶路撒冷周围修筑馆驿，提供给驻在王国内的主要外国贸易使团。所罗门营造耶路撒冷城墙，在锡安山上兴建宫殿与雅赫维（耶和华）神庙。所罗门以睿智贤明著称。所罗门还是一位诗人，写过1000多首诗歌，其中主要是《圣经》中所收的《雅歌》。

在所罗门统治时期，以色列王国达到了繁荣的顶点，所罗门大帝因此被后人誉为"智慧的化身"与"和平的象征"。他所创建的耶路撒冷圣殿，成为古代犹太教徒著名的宗教活动中心，对希伯来文化的发展和传播具有重大影响。

释迦牟尼出于什么原因创建佛教

释迦牟尼之所以成为佛教的创始人，可以用恩格斯曾经说过的一句名言来回答，那就是"创立宗教的人，必须本身感到宗教的需要，并且懂得群众对宗教的需要"。

释迦牟尼不但在29岁就剃须去发换下王子装，穿上百姓服，偷偷地离开了王宫，进入丛林为人类寻找解脱痛苦的"真理"，他还独坐于菩提树下，而且是面向东方49天的静坐，最后终于"大觉悟"而练成了佛陀，这些都能反映他本人是如何"感到宗教的需要"的。与此同时，释迦牟尼本人也确实知道如何"懂得群众对宗教的需要"，

△ 释迦牟尼佛

因为这是由公元前6世纪，古印度当时的社会环境所决定的。当时的情景可以用三句话来概括它：政治上以种姓制度为特点的阶级矛盾十分尖锐；军事上，群雄争锋，互相割据；思想上，百家争鸣。为此，当时的群众陷入了极为痛苦的困境，更需要一种思想来摆脱这种苦难，有了这两方面的思想影响，释迦牟尼自然而然地建立起一个新的宗教——佛教。

佛教创始人释迦牟尼真的存在过吗

你还记得《西游记》中神通广大、法力无边的如来佛祖吗？他的原型就是佛教的创始人释迦牟尼。然而释迦牟尼究竟是一个有血有肉的历史人物，还是被后人虚构出来的神仙呢？

让我们先来看看佛教经典的记载。在佛教中，释迦牟尼完全是一个神仙，他原名叫乔达摩·悉达多，父亲净饭王是释迦族建立的迦毗罗卫国（现位于尼泊尔境内）的国王，母亲摩耶夫人是天臂国王的女儿。"释迦牟尼"是人们对他的尊称，其意是"释迦族中的圣人"。相传，释迦牟尼在下凡之前是菩萨，即佛的候补者，在他之前曾有6名菩萨下凡成佛。他作为将来的第七位佛（"智者"的意思），变成一头白象下凡，趁摩耶夫人熟睡的时候化为一股气进入她的腹中，她就受孕了。王后在怀孕后就按照当地的风俗回娘家，可当走到半路时就腹痛难忍，只得在蓝毗尼园的一棵娑罗树下分娩，从右肋生下一个小男孩。但不幸的是，悉达多才出生七天，他的母亲就去世了。说来奇怪，小王子一生下来就能行走，非常惹人喜爱，父亲净饭王更是疼爱有加，从8岁起就让他学习写字和吠陀经，练习武艺，希望他能成为一名优秀的国王。16岁时，悉达多娶了一位美丽贤淑的妻子，并有了一个活泼可爱的儿子，生活非常幸福美满。

但是时间一长，他就厌烦了宫中无味的生活，决定出宫散散心。神意使他看到了老人、病人、死人和出家人。他突然领悟到，人有生老病死的烦恼，世间的一切事情都变化无常，富贵欢乐转眼即逝，只有出家修行才能彻底摆脱人间的苦恼，于是他决定出家，那年他29岁。

悉达多出家后，他的父亲净饭王曾多次派人劝说，但他毫不动摇。净饭王无可奈何，心疼儿子，只得派了5个人去照顾他。他们6人一起四处游历，

△ 佛祖乔达摩·悉达多

寻求人生的真谛，却始终没有得到满意的答案。于是，他们又来到尼连禅河边的苦行林中修行。苦行是当时印度十分流行的方法，就是通过绝食、屏住呼吸等方法折磨肉体，连刮风下雨也不动摇，以达到精神上的至高境界。6年来，悉达多和同伴们身体衰弱，形同骷髅，一事无成，诸神很为之担心。悉达多决定放弃苦行，于是走出苦行林，在尼连禅河中洗去6年的污垢，又吃了一个牧羊女献上的乳糜。在恢复了体力之后，他与同伴分手，来到菩提伽耶这个地方，坐在菩提树下冥思苦想，七天七夜终于大彻大悟，成为至上的佛陀，年仅35岁。之后，佛陀到印度各地传道，收了众多门徒，在80岁那年，释迦牟尼因为吃了铁匠纯陀奉上的食物，中毒腹泻，在拘尸那迦两棵娑罗树下涅槃。火化后，许多国王来抢佛舍利（佛的骨灰）。

佛经中对释迦牟尼的描述有多少真实的成分呢？其生平活动并无可靠史料记载，很难让人相信他是一位真实存在过的人物。但随着考古新发现，人们的观念正在悄悄转变。1898年，在迦毗罗卫遗址附近的一座古墓中挖出一把舍利壶，上面铭刻着："此为佛陀世尊之舍利壶。"被佛教徒视为圣物。此外在我国北京也多处发现佛陀的舍利。

由此看来，历史上真的可能有过释迦牟尼这个人，是他悟得至道，提出佛教教义的四圣谛、八正道、十二因缘等大体轮廓。只不过后人在传教过程中把释迦牟尼神化了，加上许多艺术的想象力，使得其本来面目模糊不清了。

马拉松长跑运动是怎么来的

一提到长跑运动,人们自然会想起距离最长的赛跑项目——"马拉松"。你知道马拉松长跑是怎么来的吗?

其实,马拉松是希腊的一个平原。在公元前490年的第二次希波战争中,波斯军队组成了庞大的舰队,横渡爱琴海,直逼雅典。面对强大的波斯入侵者,雅典感到独木难支,便派遣善于长跑的传令兵腓力庇得斯星夜奔往斯巴达求援。腓力庇得斯在两天内跑了150千米,于9月9日到了斯巴达。可是,斯巴达人百般推托,就是不愿出兵帮助雅典。

当雅典不得不独立面对强大的波斯军队时,为了保卫家园,雅典人表现出了"置之死地而后生"的大无畏英雄气概。9月12日,约1万波斯骑兵及大批步兵在马拉松登陆,雅典军队与侵略者在马拉松展开了关键性的会战。结果,雅典人歼敌6400人,缴获大批舰船,自身损失不足200人。经此一战,波斯军队被迫撤退,第二次希波战争以希腊人胜利而告终。

当雅典军队在马拉松会战获胜后,雅典统帅立即派腓力庇得斯从马拉松奔回雅典,向全体民众去报喜。刚刚从斯巴达返回的腓力庇得斯立即上路,不停地跑了40多千米。当他跑到雅典城时,已经累得精疲力竭,只喊了一声"高兴吧,我们胜利了"就倒地而死,希腊人从此将腓力庇得斯视为英雄。

公元1896年,当第一届现代奥林匹克运动会在希腊雅典召开时,有人建议增设一项超长距离的赛跑项目,距离就是从马拉松到雅典,并定名为"马拉松赛跑",以纪念希腊历史上的那场著名的战役,以及令人敬佩的长跑英雄腓力庇得斯。

 中外历史文化悬疑大揭秘

 世界有文字记载以来的第一位科学家是谁

泰勒斯被人们称为科学始祖，是世界上第一位真正的科学家。他在公元前640年出生于古希腊的一个贵族家庭。泰勒斯很小的时候就被送到当时著名的学者身边接受教育，十多年后，他的学问便超过了老师，以渊博的学识和富于独创的思想闻名于希腊。

泰勒斯对天文学很有研究，他不仅了解日食的成因，成功地预言了月食，而且不借助任何仪器，推算出一年有365天。他不相信当时人们所认为

△ 泰勒斯像

的太阳只不过是一个直径不大的小圆圈的说法，就通过仔细的计算，得出太阳的直径大得惊人的结论。

泰勒斯在数学方面也有很深的造诣，他提出了不少几何学定理，还把理论运用到实际中去，解决了不少数学界中的数学难题。当时，埃及的大金字塔建成后，经过了1000多年，还没人知道它究竟有多高。许多学者想尽办法测量、计算，仍旧得不出塔的确切高度。

公元前6世纪的一个春日，春风拂面，景色宜人。泰勒斯来到大金字塔前，有的游客认出了他，便跑上前去。

"喂，泰勒斯，你能算出这塔有多高吗？"

"哦，这很简单。"泰勒斯回答。

游客们不相信泰勒斯能计算金字塔的高度，都纷纷围过来看热闹。

泰勒斯挥了挥手，让身边的人往后退了退，让出一块空地，然后，他抬头看了看太阳，比了比太阳的方位，不慌不忙地往空地中间一站，阳光立刻在他身边投下一条长长的身影。

泰勒斯站在金字塔下面，每隔几分钟，便叫人把身影的长度量一量，等到身影正好和他自己的身长相等时，他便叫人在大金字塔塔影的三角尖顶处做上记号，然后，他迅速地丈量出塔底中心到塔影顶端的距离，很快就得出了这座塔的准确高度。

人们簇拥着泰勒斯，简直不敢相信自己的眼睛。这时，坐在一旁的法老迷惑不解地问："泰勒斯，我怎么能够相信你说的数字就是塔的准确高度呢？"

泰勒斯笑了起来，他用手比画着给人们讲了怎么利用"身影=身长"，然后代入"塔影=塔高"的数学道理。当时，太阳光恰好以45°角射向地面，而地面上的金字塔，其塔影和塔顶而下的光线正好组成等腰三角形，在这样一个三角形中，塔高和塔影就是相等的两条"腰"。

泰勒斯说："只要量一下塔影的长度，就可以知道塔身的高度了！"他的话音刚落，人群中就立刻爆发出热烈的欢呼声，人们像潮水一般地拥上前去，想一睹他的风采。

在欧洲，这个故事至今还是科学史上的佳话，仍广泛流传着。由于泰勒斯是第一个以科学精神和理性的头脑面向自然界的学者，因此，他赢得了广泛的声誉，人们尊称他为"科学的始祖"。

基督教起源之谜

从公元前2世纪起，罗马共和国成为地中海地区的霸主。由于罗马统治者的残暴压迫，激起了其统治范围内的奴隶、平民和被征服居民的不断起义和反抗。

公元66年，巴勒斯坦的犹太人因为不满罗马的残酷统治，发动了反罗马的战争。起义者曾经一度消灭了耶路撒冷的罗马驻军。罗马统治者调兵遣将，前往镇压。经过4年的战争，罗马军队重新占领了耶路撒冷，并对犹太人进行大规模的血腥镇压。被俘的大批犹太起义者被钉死在十字架上，以至于没有地方再能立十字架，没有十字架再能钉人。拥有60万居民的耶路撒冷，大部分居民被杀，活着的犹太居民被卖为奴隶者高达7万人之多。

随着起义的不断失败和被镇压，使得一些被压迫者在现实生活面前感到无能为力，从而滋生出一种消极悲观的厌世情绪。他们不满现实，但又找不到解决现实问题的出路，于是只好从宗教中寻求出路，把希望寄托在另一个世界即"天国"，希望能有救世主来拯救他们，基督教就在这个背景下产生了。基督教崇拜和信仰"救世主"上帝，以及上帝之子耶稣。在希腊文中，"救世主"就称为"基督"，所以，这种宗教就被称为基督教。基督教的产生恰好为人们提供了一条幻想的出路，以求在"天国"解脱人间苦难。

公元1世纪，基督教产生于罗马帝国统治下的巴勒斯坦地区。原始基督教一开始反对罗马统治，敌视富人，因此曾经遭到了罗马帝国的迫害。但到了公元2世纪以后，随着罗马帝国危机的加深，越来越多的贵族官僚也期望从宗教中寻求解脱，并因此而开始信仰基督教。基督教的教义也转而宣扬安分守己，忍耐服从。最终，基督教成为整个罗马帝国的新宗教，并逐渐传播到希腊、埃及、意大利和高卢等地。

# 《圣经》是一部什么样的书

与其他宗教一样，基督教也有一部经典——《圣经》。"圣经"这个词在古希腊文中原意为"书"。但是，基督教的信徒们却一再宣扬，《圣经》是上帝向人们所作的启示，是一部神圣的书，是"绝对的真理"。

根据研究，实际上《圣经》是不同时代的40多位作者撰写后汇编而成的一部作品集，它分为《旧约全书》和《新约全书》两部分。《旧约全书》形成的年代大约从公元前2～1世纪至公元1世纪，是用古希伯来文写成的；《新约全书》大约形成于公元1～2世纪，是用希腊文写的。整部书的叙事年限共经历了约1300年。

《新约全书》和《旧约全书》是犹太教和基督教不同教派的经典汇编，但是除了宗教经典外，也包括犹太民族和其他民族的古代历法、编年史（年代记）、英雄史诗、民间传说、故事谚语、爱情诗等题材。《圣经》中追溯了人类的起源，描绘到人类早期遭遇的洪水灾难，还设想过人类的将来。这些作品从不同角度反映了公元前12～公元1世纪这一历史时期，巴勒斯坦、小亚细亚一带的社会经济、政治、思想意识等方面的情况。

由于基督教徒人数众多，因此《圣经》现在已成为世界上流传最广、影响最大的图书之一，有1600多种不同文字的译本。公元635年，东方基督教派传教士从波斯抵达中国唐朝的长安传教译经，时称景教。根据公元1625年在西安出土的"大秦景教流行中国碑"所记，证实在唐朝时已有翻译《圣经》之举，并有一部分译本出版与流传。

"加洛林文化"兴起之谜

加洛林是古代西欧法兰克王国的一个王朝的名字。加洛林是取自查理大帝的"查理"拉丁文译音,所以后来历史学家把查理大帝统治时期的文化称为"加洛林文化"。

法兰克王国是在古罗马的废墟上建立的。起初,日耳曼人并没有重视

△ 加洛林时期的浮雕

古代希腊、罗马的优秀文化传统,相反,在这些过惯了游牧生活的日耳曼人眼里,有强壮的体魄比有文化知识更重要。那时的帝国中,别说是老百姓,就是查理大帝的王公大臣们,目不识丁的也大有人在。

为了培养能为国家服务的人才,查理当上国王以后,曾经多次下令让教会和修道院兴办学校(那时,由于宗教盛行,所以掌握文化知识的多是一些神职人员),他自己也亲自参加学习。在远征意大利的时候,查理大帝还曾广收天下人才,一些学者和有学问的教士被他带回国,他强令贵族子弟必须发奋学习。在选举教区的主教时,他极力主张推举那些有学识有作为的青年人晋升主教,并拒绝了皇后和达官显贵提升碌碌无为者的请求。

在查理大帝统治的47年间,法兰克的文化教育比过去几个世纪有长足的发展,这正是加洛林文化兴起的原因。

伊斯兰教兴起之谜

在古代,从也门沿红海东岸向北,有一条重要的商路,是当时东西方的交通要道。在阿拉伯半岛的这条商路上,逐渐兴起了一些城市,最著名的是麦加和麦地那。公元6世纪,波斯人占领也门后,破坏了这条商路,阿拉伯商人的利益受到很大的损害。当时,阿拉伯贵族为了对内加强统治、对外发展商业,急需把各部族统一起来。伊斯兰教就是在这种客观形势下产生的。

伊斯兰教的创始人穆罕默德,出身于麦加的一个没落贵族家庭。他深切地感到阿拉伯社会危机严重,决心从革新宗教入手,使整个社会摆脱困境。他综合了过去一些宗教的教义,创立了伊斯兰教。公元7世纪初,穆罕默德开始在麦加传教。他宣称宇宙间只有一个真主安拉,号召各部落的人们放弃对本部落神的信仰,去信仰和顺从安拉。"伊斯兰"在阿拉伯语中就是"顺服"的意思,即要所有的教徒都顺服真主安拉。穆罕默德自称是真主的使者,是信徒的"先知"。他主张凡是伊斯兰教徒,不分部落氏族,都是兄弟。他还反对高利贷,主张赈济贫民,释放奴隶。这些主张都很有利于当时阿拉伯的统一,特别是争取到下层民众的支持。

由于伊斯兰教是宣扬信仰安拉的一神教,因此遭到麦加的一些信仰多神教的贵族强烈反对。结果,穆罕默德被迫率领信徒出走麦地那,并在那里建立了政教合一的国家,还组织武装力量,袭击麦加。结果,战争的双方互有胜负。公元630年,穆罕默德和麦加贵族达成协议:麦加贵族接受伊斯兰教,承认穆罕默德为宗教和政治领袖;穆罕默德则承认麦加神庙中的黑陨石为伊斯兰教的圣物,麦加神庙改为清真寺。

从此,伊斯兰教在阿拉伯地区得到广泛的传播,大多数阿拉伯人都接受了伊斯兰教。到公元632年穆罕默德逝世时,阿拉伯半岛已经大体上统一了。

《天方夜谭》中的故事是否全部纯属虚构

很久很久以前,有这样一个故事:有一个小岛国,人民勤劳,国泰民安。国王仙鲁热尔公正廉明,勤政爱民。后来,由于王后的荒淫,使原本性情温和的国王变得残暴成性,处心积虑地对女人进行报复。所以他决定每晚娶一个新妻子,第二天黎明就把她杀掉,以免她红杏出墙。连续三年,百姓们整天过着惶恐不安的生活,无奈之下纷纷带着女儿远走他乡。一天,为国王找不到女人的宰相面带忧愁地回到相府。宰相的女儿舍哈拉查德聪明过人,贤淑美丽,当她了解到事情的真相以后,为拯救全国妇女的悲惨命运,说服了父亲,主动进宫去劝说国王。舍哈拉查德进宫当晚就给国王说故事,一直说到第二天早晨还没有讲完,但故事恰恰讲到了最吸引人之处,于是国王就让她活了下来。这样,一夜又一夜,舍哈拉查德一个故事接一个故事讲,一共讲了一千零一夜,终于用真情感动了国王。国王仙鲁热尔不但没有把她杀掉,还立她为后。从此这些故事就流传了下来,被称为《一千零一夜》,是世界上最著名的阿拉伯文学作品,这部作品的中文译名为《天方夜谭》。有两种说法:一是说"天方"为"天房"的讹传,因为我国对阿拉伯的旧称为"天房",指的是麦加的克尔白庙;一说我国在明末称阿拉伯为"天方国",在夜间讲述的这些故事就称为《天方夜谭》。

那么,《天方夜谭》中的故事是不是纯属虚构呢?经过专家们的研究发现,这些故事都有一个真实的地方为依据,那个地方又确实曾出现过故事中那些人物,其实《天方夜谭》的故事背景是中古时代的巴格达社会。

巴格达是公元762年由阿拉伯帝国阿巴斯王朝建立的城市,是一个从埃及延伸至印度的帝国首都,当时的统治者诃伦·阿拉悉是阿巴斯王朝第五任哈里发。他在位时的光辉业绩就是《天方夜谭》中许多故事的蓝本。哈里发诃伦喜欢音乐与诗歌，还常常慷慨赞助文艺活动。《天方夜谭》中把他描写成一位贤明、公正和宽大的理想统治者，并说他经常带几名亲信微服出巡，晚上在巴格达城四处漫步，为被压迫的人主持公道，惩罚恶徒、骗子。

诃伦统治下的巴格达在当时是一个十分富饶的城市，积聚了与东方贸易赚来的大量财富。据说巴格达实在是太富有了，以至于城中不太有可能找到穷人。巴格达的贵族官员们都过着穷奢极侈的生活，竞相铺张浪费，建造了富丽堂皇的房舍，花大量的钱找消遣。身居"金宫殿"的哈里发生活更是讲究：神学家、哲学家和学者们尽献精神食粮，说笑者、弹唱者、杂耍者则供声乐之娱。

但诃伦统治下的巴格达人并非整天沉迷于享乐之中，诃伦亦非总是因娱乐和享受而挥金如土。诃伦虽然有才干，受人爱戴，但脾气暴戾，反复无常。从他亲手处罚著名的巴玛基家族一事可看出他性格中的缺点。巴玛基家族虽信奉伊斯兰教，却不是阿拉伯裔而是波斯裔。这个家族几代以来一直是阿巴斯王朝的忠臣和谏官，协助管理这个伊斯兰教帝国的朝政，可谓是忠心耿耿，绝无二心。但是公元803年，诃伦突然废了他一向信任的大臣，命人杀害宫廷庆典随侍的查法·巴玛基。据说，当时诃伦勃然大怒，查出查法与诃伦亲妹妹艾巴莎之间有恋情，就不顾众人反对，把查法暴尸示众，其家人则全部投狱，家产全部充公。究竟是什么原因使得诃伦引起这次报复？有没有这种可能是诃伦本人对巴玛基家族作为波斯裔而左右国事怀恨在心？那时宫中支持波斯人最坚固的靠山太后喀苏兰已经逝世，而哈里发最宠爱的妃子素贝达则向来鄙视波斯人。看来，种族冲突是由来已久的历史问题。

巴玛基家族失宠后，诃伦立刻遭到麻烦，内乱和种族冲突威胁帝国的统治。诃伦企图将帝国一分为二，交给两个儿子管治，以平息纠纷。诃伦一子是纯阿拉伯血统，另一子则为波斯女奴所生，但是这种分而治之的方法根本不能解决问题。公元809年诃伦驾崩，阿巴斯王朝不久便分崩离析。

不过，诃伦统治时期的光辉在现代保存下来的古代艺术建筑之中仍可以看到，诃伦和巴格达城的名字也将借《天方夜谭》中的故事而永垂不朽。

但丁为什么要创作《神曲》

但丁生于意大利佛罗伦萨的一个小贵族家庭，是中世纪最后的一位诗人，同时又是新时代最初的一位诗人。

但丁所处的时代，新兴资产阶级与封建势力之间的斗争日趋白热化。青年但丁参加了积极维护资产阶级利益的圭尔弗党，该党获胜后，但丁当选为城市最高行政官之一。不久，圭尔弗党分裂为黑白两党，但丁属于白党，遭到了黑党的排挤，被判处终身流放。

被流放后，但丁广泛地接触了现实社会，看到了阻碍意大利进步的根本原因在于分裂与内讧，这更加坚定了他统一祖国的决心。长诗《神曲》是但丁十余年努力的结晶，寄予了他的忧愤之情。这首长诗也是欧洲文学史上划时代的作品。

△ 但丁画像

《神曲》分《地狱》、《炼狱》、《天堂》三部。

《神曲》虽以梦游三界的故事为中心，但其中的见闻大都取材于现实，因而有着更加强烈的现实意义。特别是第一部，反映了当时意大利的现实生活，并对意大利民族的出路作了探索。《神曲》中闪烁着但丁以理性代替神权的光辉思想。

是谁出卖了耶稣

《最后的晚餐》是公元15世纪欧洲文艺复兴时期意大利画家达·芬奇杰出的作品。

此画取材于《新约全书·马太福音》中的故事内容。

一天，罗马皇帝恺撒在皇宫里召集群臣及祭司长老，正在开一个紧急会议。

恺撒怒气冲冲地说："近来，民间纷纷传闻，有个叫耶稣的，他自称是上帝的儿子，到处在传教布道。他煽动百姓抗税，抵制国家的法令，这是绝对不能容忍的！你们赶快派人去把他抓起来。"

"报告陛下，"一个干瘦的老祭司无可奈何地说，"我们已几次派人去抓他。可是百姓都被他的异端邪说给迷住了，拼命地保护他，使我们至今未能找到他的踪影。"

"快给我在全国张贴悬赏布告！"恺撒拍着桌子大声命令道，"谁若亲自抓住了耶稣，就赏他300块银币。如若报告了他的下落，也赏30块。"

第二天，罗马全国的城市乡村都张贴出了悬赏捉拿和告发耶稣的布告。一场轩然大波由此发生……

耶稣在平时传道之际，收留了12个门徒。不料，其中有个叫犹大的，却是个见钱眼开、贪婪卑鄙的小人。他见到布告后，为了这笔赏钱，就立即向祭司长老告发了耶稣。

这天，正是逾越节的晚上，耶稣在耶路撒冷附近的客西马尼园请他的12个门徒共进晚餐。席间，耶稣神色庄重地说："神已告诉我，你们中间的一个人出卖了我！我是人类的儿子，我将在一定的时间离开这个世界。但是那个出卖我的人是有罪的！"

△ 《最后的晚餐》

门徒们听了这番话后，顿时议论纷纷。他们中有的愤怒、有的吃惊、有的激昂，纷纷询问道："主，是我吗？"

耶稣平静地答道："那个正在舔我吃过的盘子的人，就是出卖我的人！"

犹大在一旁听了如雷轰顶，惶恐不安。他唯恐露出马脚，就闪电般地急转身子，竭力藏匿那个装了出卖耶稣所得到的30块银币的钱袋。于是，他就悄悄离席而去，领了军队来抓耶稣。

这个《圣经》故事的题材，原先许多著名画家都尝试画过。但是因没有画出人物鲜明的性格特征，特别因没有画好犹大，结果都失败了。

达·芬奇在描绘这一题材时，着重从众人在听了耶稣的讲话后，刹那间所表现出的不同神态、动作和心理反应等特征上，成功地表现出了这一场景所包含的深刻寓意。特别是画家对犹大这个人物的动作、神态作了传神的刻画——犹大听了耶稣讲话后，情绪紧张、惊恐万状，身子不由得向后倾斜，右臂支在桌上，左手紧握着钱袋，脸色灰暗，露出一种掩饰不住的惊恐神情。而此时，耶稣却神色庄重肃穆，正气凛然。从犹大和耶稣等众人所表现

△ 达·芬奇自画像

的不同神情中，充分反映出了正义与邪恶之间的尖锐冲突与对立，使人深思，给人久久的回味……

这幅画原是画家接受米兰圣马利亚·德烈·格拉契修道院的一幅订件，从公元1495年画起，画了足足三年。为此，达·芬奇费尽了心血，苦苦寻找着各个人物的生活模型。最后，只剩下犹大这个叛徒形象久久难以下笔。为了深刻传神地刻画出犹大的卑劣和无耻，达·芬奇整天外出，跑到米兰最肮脏的生活角落去收集素材，因而不得已把工作一停再停。对此，修道院的副院长满肚子不高兴，就愤愤地向教皇告状说："达·芬奇在画画时常常偷懒，外出闲逛！"

教皇就把达·芬奇和副院长一起叫来查问原因。达·芬奇不得不对教皇说："犹大这个形象实在难找，如果硬要我马上画出来，就只好把这位副院长的尊容画上去了。"

教皇听后连连点头称是，那位副院长则羞得满脸通红。后来，达·芬奇终于在市井无赖人物中找到了一个可作为犹大的艺术原型。

达·芬奇如此呕心沥血地创作，不仅仅是为了画好一段《圣经》故事，而是要通过犹大的叛变及耶稣的正义，来隐喻人间的善恶，同时又深刻地展示了当时意大利社会光明与黑暗的尖锐冲突和斗争。

从这幅杰出的作品中，我们不仅可以看到达·芬奇的高超画技，严肃认真、一丝不苟的创作态度，同时也能充分领略到一幅成功的艺术作品所包含的不朽、永恒的审美艺术价值。

亲爱的读者，现在你该明白了，谁是出卖了耶稣的犹大吗？请记住：他，就是坐在耶稣左边的第三个人。

 布鲁诺为什么被烧死了

在科学发展史上,虽然没有真刀真枪的两军对垒,但确有人为真理献出了宝贵的生命。布鲁诺(公元1548~1600年)就是一个为科学献身的天文学家。

布鲁诺出生在意大利的一个贫苦家庭,15岁进修道院,在那里他读了很多书。24岁成为牧师,并获得哲学博士学位。此后,他逐渐对宗教产生怀疑。他大胆地批判《圣经》,因而冒犯了罗马教廷,只好逃出意大利,到法国、英国等地广泛宣传哥白尼的日心说,批判托勒密的地心说,并且发展了日心说。他认为宇宙是无限的,在太阳以外,还有无数个类似的恒星系统。太阳不过是一个恒星系统的中心,而不是整个宇宙的中心。太阳也不是不动的,它相对于其他恒星的位置也在变化。在太阳系中还存在当时未发现的行星,太阳和星球均绕轴自转。他还提出了其他星球上有人居住的思想,自然定律统一的思想等,其中许多为后来天文学发现并证实,对科学和宇宙观的发展起了重大作用。

由于布鲁诺广泛宣传他的先进哲学思想,引起了罗马宗教裁判所的恐惧和仇恨。公元1592年,罗马教廷采用欺骗手段,把他骗回意大利,并立即逮捕。刽子手们使尽了种种威胁利诱手段,想让布鲁诺屈服,但他坚贞不屈地说:"我半步也不退让。"经过8年的折磨,他被处以火刑。公元1600年2月17日,布鲁诺被烧死在罗马的鲜花广场上。布鲁诺无畏地捍卫真理,在生命的最后时刻,他面对行刑的刽子手,庄严宣布:"你们对我宣读判词,比我听到判词还要恐惧!"

布鲁诺不畏火刑,坚定不屈地同教会、神学作斗争,为人类挣脱了上帝的桎梏,他的科学精神将要永存!公元1889年,人们在布鲁诺殉难的鲜花广场上竖立起他的铜像,永远纪念这位为科学献身的勇士。

 你知道凡尔赛宫的来历吗

公元1643年，法王路易十三圣驾归西，太子继承了王位，其时尚不足5岁，称路易十四。他自幼登基，自然无法亲历国事，便由其母安娜太后摄政主事，但实权却掌握在首相马扎然的手里。马扎然通过改革政治，使法国逐渐走上了富强之路。公元1661年，23岁的路易十四亲政，不断加强王权，巩固统治。

路易十四被称作"太阳王"，这自然象征了他的权威。这个称呼是这样来的：国王亲政一年后，一个叫做杜弗里埃的古玩商，为国王陛下设计了一个徽志——一轮光芒普照全球的红日，下面镌绣着"堪与太阳媲美"的字样，这一构想深得年轻国王的欢心。从此之后，国王纹章、王宫家具用品、御榻帷幔、龙车华盖，便都有这个徽志了，"太阳王"由此得名。

马扎然死后，"太阳王"又任命柯尔柏为财政监督官。柯尔柏一上任，便盯住了财政总监富凯——这是个喜爱炫耀、夸富显贵、挥霍无度的大臣。柯尔柏谏言弹劾富凯，使路易十四对富凯丧失好感。

正在富凯还不知官位岌岌可危之际，他以万贯家财，有意在家乡将他那座简陋的宅院修建成富丽堂皇的宫殿。没想到，这更让他滑入命运的深渊。富凯的计划中，这里要被修建成一个既包含豪华家具、贵重器皿、名贵画作、精美地毯，又可以金屋藏娇、接待情妇的安乐窝。于是他网罗当时的名家设计筹划，想使家宅筹建得惊世骇俗。一批才华出众的建筑师、园艺师、画师耗费了4年精力，竟然在业已荒芜、荆棘丛生的旧宅原址上，建起了一座举世罕见的豪华宫殿。这是怎样的一番盛景啊：宫殿矗立在大理石台基上，巍峨壮丽；园中绿树成荫，苍翠掩映；林艺造型奇特，引人入胜；池水碧波涟涟，平滑如镜；小径蜿蜒交错，曲折通幽……再加上数不尽的雕像，开不完的繁花，真可谓神仙福地了。

这是富凯的独出心裁之作，惹得许多贵族纷纷赶来，欲一睹它的容姿。路易十四也起了好奇心，便在公元1661年7月通知富凯，他将到园中一游。这时富凯已给家府取名"沃宫"，他接到消息，便积极准备起来。

富凯苦心操办，不惜重金，终于将迎接皇上的事料理妥当。他想，皇上要是看到沃宫的豪华，见他迎接得周到，定会对他更加器重的。他要接替马扎然做首相的愿望似乎已经实现大半了。

8月17日晚6时，皇上驾到。不料一见宫室的豪华排场，皇上竟一句话也没说，反而脸色冷漠，目光寒利，显得极为不愉快。富凯竟一时丈二和尚摸不着头脑，他哪里知道，自己准备下的空前盛况已极大地刺伤了"太阳王"作为一国之君的自尊心、虚荣心。路易十四自幼生长在王宫，没想到沃宫比自己那建成已有数百年的卢浮宫更加气派，他虽贵为帝王，却也从没见过如此辉煌的场面，年轻好胜的国王已经妒火中烧了。他当下认定，富凯的举动是大肆宣扬他的富贵无敌，意在羞辱朝廷，再加上有柯尔柏前面上奏富凯贪赃枉法，路易十四便下定决心，要除掉这个"暴发户"。想好后，颇有自制力的路易十四很快收起眼中的寒气，脸上也有了笑容，恢复了常态。但是在沃宫住的这一晚，他没有安眠，而是在计划如何除掉富凯。

果然，国王巡幸沃宫后的一个月，王宫火枪手队长达达尼昂便捉走了富凯，可怜的沃宫主人只得在监狱中度过余生的16个春秋了。

路易十四在沃宫那一晚还许下了另一桩心愿，就是为王室修建一座举世无双可睥睨一切的豪华皇宫。于是他在逮捕富凯后，抄没了他的家财，也特地将沃宫的建筑图一起夺来了。沃宫的设计师、园艺师、画师等，又被皇上聘用了。

工程地址选在了紧靠马尔利森林的努瓦西宫一带。这本是公元16世纪贡迪家族的领地。路易十三曾在这里度过童年少有的难以忘怀的幸福时光，便有意在这里建造一座狩猎的小行宫，但没想到路易十四超额实现了父亲的愿望。公元1662年，"太阳王"设想的工程便破土动工了。整整10年后，果然建成了甚至超出路易十四预料的园林殿堂，这就是至今仍可称为人类艺术瑰宝的凡尔赛宫。公元1762年，法国王室从巴黎的卢浮宫迁来此处定居。

曾引起巨大轰动的电影《铁面人》中的"铁面人"究竟是谁

关于法国历史上"铁面人"的传说,200多年来一直没有中断。法国著名作家大仲马的历史小说《布拉热洛纳子爵》中讲述了"铁面人"的故事。影片《铁面人》的上映,又引起了观众极为浓厚的兴趣。

"铁面人"的故事在小说和电影中是很不相同的。在大仲马笔下,"三个火枪手"之一的阿拉密秘密地从巴士底狱救出了被其母囚禁的路易十四的孪兄菲力普,并设计让他替路易十四坐上王位,反把路易十四关入巴士底狱。但一昼夜后这一计谋被火枪手队长达达尼昂识破,他帮助路易十四重登帝位,而菲力普则再入囹圄,并且脸上永远蒙上了一层面罩。

在影片《铁面人》中,菲力普刚出生就被送出王宫,后来当路易十四知道他还活着时,就派大臣富凯将他囚禁在圣玛格丽特岛上。后来财政总监大臣柯尔柏和达达尼昂对路易十四荒淫无度的生活极为不满,便设计救出菲力普。经过化妆的菲力普在宫廷舞会上被错认为路易十四,而真正的路易十四却被戴上了铁面罩,囚禁终身。

"铁面人"的故事像一面镜子,映出了法国专制统治的黑暗。路易十四(公元1643~1715年在位)时期,法国的专制王权达到顶点。警察机关持有国王签字并加盖国王印章的空白逮捕令,可不加审讯而捕禁任何人。有不少人在巴士底狱中关押了十余年,却无人知道他犯了什么罪,甚至监狱官也不知道是依谁的意志将其抓进来的。"铁面人"的故事就发生在这一历史背景下。尽管电影和小说的情节都是虚构的,但在路易十四统治期间确实有过一个戴面罩(用黑天鹅绒和鲸骨制成,不是铁的)的犯人。他是谁呢?几百年来人们始终未揭开这一历史之谜。历史学家曾在著作中提到过有这样一个人,而文学家们则驰骋想象,以此为题材创造和衍生了大量作品。

法国启蒙思想家伏尔泰（公元1694～1778年）在《路易十四时代》（公元1751年）一书中写道：在公元1661年"发生了一件史无前例的事"，"一个身材高于常人、年轻、漂亮、高雅的不知名的囚犯，被极端秘密地押送到普罗旺斯海外的玛格丽特岛上的一座城堡。这个囚犯一路上戴着面罩，面罩的护颏装有钢制弹簧，使他能戴着吃饭而不感到丝毫不便。看押人员奉命，'如果他取下面罩就杀死他'。后来，这个无名氏被带到巴士底狱以后，人们在这个城堡里尽可能把他的住宿安排得非常舒适妥帖，为他做的是头等饭菜。蒙面人对自己的处境从无怨言。至于他可能是什么人，他自己一点也不让人知道。这个人于公元1703年死去，当晚就被埋在圣保罗教区。"至于他究竟是谁，伏尔泰没有下文。

公元19世纪末，安娜·维格曼在一部著作中大胆假设囚犯是英国国王查理一世。作者主张查理并不像通常认为的那样死在断头台上，一个忠于王室的人代他受了刑，后来查理来到法国变成了路易十四的阶下囚。但不解的是，路易十四为什么要把死里逃生的查理关起来呢？戴面罩的犯人既于公元1703年死去，如果是查理的话，他应该是103岁了，他能这样长寿吗？

公元1934年，维乐那多在《王后的医生》一书中断定犯人是法官兼警察头子拉雷尼。他的叔叔名叫帕·科齐涅，是著名外科医生，在宫廷中为路易十三的妻子安娜服务。路易十三死后，科齐涅解剖其尸体，发现死者并不是路易十四的父亲，科齐涅将这一秘密告诉了拉雷尼。后来宫廷为了防止这一丑闻传开，拉雷尼就成了终身囚犯。然而后据查明，科齐涅任宫廷医生时（公元1644年）路易十三已死去一年了，故不可能有解剖尸体之说。而拉雷尼是于公元1680年在故乡善终的。

从人们对路易十三和路易十四的父子关系的怀疑中，有人得出了另一个结论：戴面罩的人正是路易十四的生父。路易十三和王后安娜婚后不和长期分居，后经担任首相的红衣大主教黎塞留从中调解，重归于好。但此时安娜在与一贵族情人的交往中已身怀六甲，不久即生下了路易十四。为了掩盖马脚，安娜的情人、路易十四的生父只得流落他乡。路易十四登基后，其生父偷偷返回向儿子乞求赏赐。路易十四既怕丑闻暴露又不忍心加害生父，于是就有了一个戴面罩的终身囚徒。这一说法显然无法解释下面一个事实：据监狱的犯人登记簿记载，戴面罩的人于公元1703年11月19日突然死去时，是一个45岁左右的中年人。而这一年路易十四已65岁，那么他的生父又该多大了呢？

公元1970年，法国记者波·让·阿列斯出版了《铁面罩——最后揭开的一个谜》一书。他运用大量材料论证了上一世纪就出现的一个观点：路易十四的大臣富凯是戴面罩的囚犯。富凯曾是路易十四的宠臣，公元1661年，他以侵吞公款罪被捕入狱。路易十四主张将他处死，但法院却判他终身流放，被关进皮涅罗尔城堡。路易十四曾坚决要求富凯必须死在狱中。据当局宣布，富凯于公元1680年3月23日突然死去，他的尸体未交其亲属而由当局秘密处理了。阿列斯认为，死者并不是富凯，而是他的仆人爱斯塔斯·多热，而富凯则在面罩掩盖下活着。关于铁面罩的传闻恰好是在富凯"死"时（公元1680年）开始的。但是，公元1703年那年富凯已是老态龙钟，而戴面罩的人却是个中年人。

其他的猜想是多热的观点，最早从法国大革命后就开始流传了。法国科学院院士莫·潘约里1965年出版《铁面罩》一书也如此认为。多热的父亲是前首相黎塞留的侍从，知道许多王室丑闻。多热本人是近卫军中尉，他因在王宫里杀死了一个15岁的听差而被捕。但是，如果多热因此而下狱，对这样一个普通刑事犯有什么必要那样尊重和优待呢？如果是怕多热泄露王室秘闻扣押他，为什么不干脆把他杀掉呢？也有人认为，蒙面囚犯是意大利曼图昂公国的国务秘书马基欧里，他由于得罪了路易十四，于公元1679年5月被诱入法国，关在皮涅罗尔城堡，但这一猜想也被一些包括法国史学家在内的人所否定。

"铁面人"究竟是谁呢？这确实是个令人费解的谜团。据伏尔泰说，在最后一个知道这个奇怪秘密的大臣夏米亚尔临死前，其婿拉费德元帅曾跪在岳父面前恳求他告诉自己，那个仅以"铁面人"的名字为人所知的人究竟是谁。夏米亚尔回答说：这是国家机密，他曾经宣誓永远不泄露。在公元18世纪，路易十五和路易十六曾先后下令对铁面人进行了多次调查，其结果世人一无所知，是真的没有搞清楚，还是有意封锁呢？这一切都使"铁面人"成为不解之谜。

俄国文豪托尔斯泰出走之谜

一个秋季的雨夜,一辆马车在俄罗斯乡间小路上奔驰着。马车中坐着一位面容严肃的老人。他时而用留恋的目光向后张望,然而又语态坚决地命令车夫:"向前,只管向前!"俄罗斯文豪列夫·托尔斯泰在耄耋之年雨夜出走,带着复杂的情感离开了故乡。

托尔斯泰是举世闻名的大作家。他于公元1828年诞生于俄罗斯一个古老的贵族家庭,排行老四。母亲是俄国著名诗人普希金的远亲,文化修养极高,通晓法语、德语、英语与意大利语。虽然在托尔斯泰牙牙学语时母亲就去世了,但是她营造了浓厚的家庭文化氛围。母亲在托尔斯泰没出世之前,为他的三个哥哥聘请了很好的家庭教师。在大哥的启蒙下,从很小起托尔斯泰就会背诵普希金的诗,后来又接触了许多文学名著。

在文学氛围的渲染下,托尔斯泰早早便展露出文学才华。公元1852年他创作了自己的处女作《童年》。小说一经发表后,立刻引起文坛极大轰动。之后托尔斯泰便投入《战争与和平》的创作之中,直到公元1869年秋,这一里程碑式的作品才宣告完成。小说以公元1812年的俄法战争为中心,以库拉金、罗斯托夫、保尔康斯基和别竺豪夫四大贵族家庭生活为情节主线,通过500多个人物在战争与和平年代里的活动,反映了公元1805~1820年俄国的重大社会历史事件,可谓气势磅礴。作品多方面地展现了俄国人民反抗拿破仑侵略的斗争,讴歌他们的爱国热忱和英勇不屈的精神,同时也对沙皇宫廷贵族在国难当头的危急时刻仍然争权夺利,沉溺在荒淫无耻的生活中的行为进行了尖锐的讽刺。整部小说不但描绘了大规模的战争场面,还刻画了众多日常生活情景,堪称是公元19世纪初叶俄国社会生活的历史画卷。小说刚出版不久便销售一空,托尔斯泰也赢得了世界声誉。

公元1873年托尔斯泰开始了他的另一部文学巨著——《安娜·卡列尼娜》的创作。在这部使他获得"艺术之神"称号的作品中，作者已经将批判的笔锋指向了整个封建社会。

公元1887年，又是在6月里，托尔斯泰的一位在彼得堡法院担任检察官的朋友阿·费·柯尼来看望他，向他讲述了一件法院审理的案子。被告人罗萨莉娅·奥妮是个妓女，她被控告偷了"客人"的100卢布。当时有个贵族青年担任陪审员，他认出了罗萨莉娅原来就是几年前被他占有并又抛弃了的姑娘。这位贵族青年受到了良心

△ 列夫·托尔斯泰

的谴责，表示要娶这个女犯人为妻，以求上帝赎自己的罪。但是，罗萨莉娅在狱中不久病死了，这个贵族青年也就不知去向了。这个案件给托尔斯泰留下了深刻的印象，后来托尔斯泰利用这个案件写了一部小说，它就是著名的现实主义长篇小说《复活》。

这部小说，作家花了整整10年时间才完成。他在小说中通过一个名叫卡秋莎·玛斯洛娃的妓女，揭露了沙皇俄国专制制度的腐败与残暴。他在描写法庭审判时，生动地揭露了法庭上那些道貌岸然的执法者实际上是一批坏蛋，就是这样一批玩忽职守、草菅人命的家伙制造了一个冤魂，卡秋莎·玛斯洛娃被判了4年苦役。托尔斯泰用他的笔向沙皇俄国的法律制度宣战了。在《复活》一书中，托尔斯泰对教会也进行了无情的揭露。他认定教会是沙皇统治的有力工具，神职人员也不过是一些披着宗教外衣的官僚而已。

1900年7月，他还写过一篇名叫《不许杀人》的文章，愤怒地抗议"八国联军"屠杀中国人民的罪行。要知道，当时的俄国也是8个强盗之一。

托尔斯泰的作品引起了沙皇政府和教会的惊恐、仇恨。1901年2月，教会

△ 列夫·托尔斯泰故居

开除了托尔斯泰的教籍，并且下令，在所有教堂做弥撒的时候，人们都必须诅咒"叛教者"托尔斯泰的名字，企图利用信教者的宗教感情，让人们痛恨作家，孤立作家。

1910年10月，在前往南方的火车上，托尔斯泰的病转成了肺炎，被迫在阿斯塔波沃车站下车。站长听说病人是托尔斯泰，立刻把自己的住宅让给老人住。而托尔斯泰的病情不断加重，终于在11月20日清晨逝世。临终时，他说的最后一句话是："我爱真理……非常……爱真理。"

托尔斯泰出走的具体原因，也许谁都说不清楚。但我们看到：托尔斯泰晚年内心十分矛盾痛苦。他思想上同情社会底层，而自己却身处优越的上层社会；他能够有力地批判现实，却无力改变现实。他最终以出走的方式，来减少内心的痛苦，回归于自己的理想，为此，他付出了生命的代价。

传国玉玺之谜

和氏璧是历史上著名的美玉，它在流传的数百年间，被奉为"价值连城"的"天下所共传之宝"。

它奇异现世，征兆不凡；它被视为稀世珍宝，掀起兵戈纷争；而后它又神秘失踪，留下千古悬念。那么，真正的传国玉玺到底在哪里？

我们先来说和氏璧的来历。和氏璧的来历颇有些神奇。春秋时期，楚国有个砍柴的樵夫，名字叫卞和。卞和祖辈都是当地有名的玉工，擅长辨识玉石。他常听老辈人讲，大石脑北边的五道峡内有只美丽的凤凰常在那里栖身。凤凰是吉祥之物，"不落无宝之地"，卞和便经常在凤凰出没的峡谷里流连。有一天，卞和在山上打柴，忽然发现了那只凤凰，只见它口含朱砂在一块石头上抚来抚去，等到太阳跃出山顶，才恋恋不舍地离去。在凤凰待过的地方留下了一块石头，有铜盆那么大，它的纹路、光泽都与其他石头大不相同。凭着自己的多年见识和经验，卞和断定这块大乌石里一定藏着稀世珍宝，于是便小心翼翼地把石头凿下背回家中。他坚信这块石头里边包含着一块硕大的质地极好的宝石，可以雕琢成一件价值连城的国宝。他想，国宝自然应当归国家所有，不能据为私有。于是第二天，他就携带这块璞玉专程来到楚都郢城，准备进献给楚厉王。楚厉王是个不学无术的家伙，他哪里认得什么璞玉不璞玉，只好叫玉匠们进行鉴定。没想到他的这帮玉匠也都是些冒牌货，他们本不识货，看了两眼就一口咬定说："分明是块普通石头，哪里是什么宝贝！"

昏庸无能的楚厉王勃然大怒，吩咐武士砍去卞和的左腿，作为欺骗国君的惩罚。

后来，楚厉王死了，他的儿子楚武王登基做了楚国国君。卞和又拄着拐杖来献宝。楚武王又让玉匠们鉴别。这些滥竽充数的玉匠，也都是比前任好不了多少的蠢货。他们煞有介事地回奏："大王，那是块顽石，不是什么宝贝！"

卞和又遭殃了，因为武王也昏庸无比，又叫武士砍去他的右腿。

又过了一些年，楚文王继了位。卞和仍坚持献玉，不改初衷，可是，他已经失去了两条腿，无法行走，只好让人抬到山下楚文王经过的地方。他拦道痛哭，一直哭了三天三夜，眼泪哭干了，又哭出血来，人们无不为之感动。

楚文王派人问他："你为何长哭不止？是不是受两次惩罚感到冤枉？"

卞和止住哭声回答说："我死不足惜，失去两腿算什么！明明是国宝却被说成是石头，忠诚为国却偏偏被说成是欺骗，我是为此而悲伤。"说罢又献上璞玉。

使者回报楚文王。楚文王不再轻信玉匠们的结论，而是交到玉房，让匠人凿开璞玉，亲自验看。果然，里边是块通体晶莹剔透的硕大美玉，全无一点儿瑕疵，于是雕成了以卞和命名的和氏璧，成为名闻天下的瑰宝。卞和因此也受到了善待。

"和氏璧"发现的消息很快传到了各诸侯国，各诸侯国国君都想亲眼看看这件宝玉。公元前333年，楚国吞灭越国，楚威王因相国昭阳灭越有功，将和氏璧赐给了昭阳。可就在这时，和氏璧竟失窃了，国宝的不翼而飞震惊了朝廷内外，人们纷纷寻找这件价值连城的宝玉，但终无结果。人们把怀疑的目光投向了张仪，因为张仪当时正在楚国游说，曾与昭阳一起饮酒，人们认为他有条件、有机会偷窃和氏璧。楚国人对张仪严刑拷打，张仪拒不承认，楚人无奈，只好将张仪释放了。张仪受辱后辗转到了秦国，后来成为秦国的宰相，为秦国日后的强大立下了汗马功劳。楚国为一件国宝损失了一个人才，这是他们所没预料到的。

和氏璧销声匿迹了几十年后，突然有一天在赵国出现了，至于和氏璧是怎样流落到赵国的，已成为历史上的一个谜。

赵惠文王时，一个名叫缪贤的宦官从一外人手中购买到这块玉，经玉工鉴定后，方知正是失踪多年的和氏璧。赵王得知后，便将这件珍贵宝玉抢夺去了。赵国得到和氏璧的消息很快传到了秦昭襄王的耳中，秦昭襄王对这件稀世之宝产生了觊觎之心。公元前283年，秦昭襄王派使者带着国书去见赵惠文王，说秦王情愿让出十五座城来换赵国收藏的一块珍贵的"和氏璧"，希望赵王答应。

赵惠文王跟大臣们商量，要不要答应。想要答应，怕上秦国的当，丢了和氏璧，拿不到城；要不答应，又怕得罪秦国。议论了半天，还是不能决定该怎么办。

当时有人推荐蔺相如，说他是个挺有见识的人。赵惠文王就把蔺相如召来，要他出个主意。蔺相如说："秦国强，赵国弱，不答应不行。"赵惠文王说："要是把和氏璧送了去，秦国取了璧，不给城，怎么办呢？"蔺相如说："秦国拿出十五座城来换一块璧玉，这个价值是够高的了。要是赵国不答应，错在赵国。大王把和氏璧送了去，要是秦国不交出城来，那么错在秦国。宁可答应，叫秦国担这个错儿。"赵惠文王说："那么就请先生上秦国去一趟吧。可是万一秦国不守信用，怎么办呢？"蔺相如说："秦国交了城，我就把和氏璧留在秦国；要不然，我一定把璧完好地带回赵国。"

蔺相如带着和氏璧到了咸阳，秦昭襄王得意地在别宫里接见他。蔺相如把和氏璧献上去。秦昭襄王接过璧，看了看，挺高兴。他把璧递给美人和左右侍臣，让大伙儿传着看，大臣们都向秦昭襄王庆贺。

于是，蔺相如站在朝堂上等了老半天，也不见秦王提换城的事。他知道秦昭襄王不是真心拿城来换璧。可是璧已落到别人手里，怎么才能拿回来呢？

他急中生智，上前对秦昭襄王说："这块璧虽说挺名贵，可是也有点儿小毛病，不容易瞧出来，让我来指给大王看。"秦昭襄王信以为真，就吩咐侍从把和氏璧递给蔺相如。

蔺相如一拿到璧，往后退了几步，靠着宫殿上的一根大柱子，瞪着眼睛，怒气冲冲地说："大王派使者到赵国来，说是情愿用十五座城来换赵国的璧。赵王诚心诚意派我把璧送来。可是，大王并没有交换的诚意。如今璧在我手里，大王要是逼我的话，我宁可把我的脑袋和这块璧在这柱子上一同砸碎!"说着,他真的拿着和氏璧,对着柱子做出要砸的样子。

秦昭襄王怕他真的砸坏了璧,连忙向他赔不是,说:"先生别误会,我哪儿能说了不算呢?"他就命令大臣拿上地图来,并且把准备换给赵国的十五座城指给蔺相如看。

蔺相如想,可别再上他的当,就说:"赵王送璧到秦国来之前,斋戒了五天,还在朝堂上举行了一个很隆重的仪式。大王如果诚意换璧,也应当斋戒五天,然后再举行一个接受璧的仪式,我才敢把璧奉上。"秦昭襄王想,反正你也跑不了,就说:"好,就这么办吧。"他吩咐人把蔺相如送到宾馆去歇息。

蔺相如回到宾馆后,叫一个随从的人打扮成买卖人的模样,把璧贴身藏着,偷偷地从小道跑回赵国去了。

过了五天,秦昭襄王召集大臣们和别国在咸阳的使臣,在朝堂举行接受和氏璧的仪式,叫蔺相如上朝。蔺相如不慌不忙地走上殿去,向秦昭襄王行了礼。秦昭襄王说:"我已经斋戒五天,现在你把璧拿出来吧。"蔺相如说:"秦国自秦穆公以来,前后二十几位君主,没有一个讲信义的。我怕受欺骗,丢了璧,对不起赵王,所以把璧送回赵国去了。请大王治我的罪吧。"

秦昭襄王听到这里,大发雷霆,说:"是你欺骗了我,还是我欺骗你?"

蔺相如镇静地说:"请大王别发怒,让我把话说完。天下诸侯都知道秦是强国,赵是弱国。天下只有强国欺负弱国,绝没有弱国欺压强国的道理。大王真要那块璧的话,请先把那十五座城割让给赵国,然后打发使者跟我一起到赵国去取璧。赵国得到了十五座城以后,绝不敢不把璧交出来。"

秦昭襄王听蔺相如说得振振有词,不好翻脸,只得说:"不过是一块璧而已,不应该为这件事伤了两家的和气。"

结果,还是让蔺相如回赵国去了。

蔺相如回到赵国,赵惠文王认为他完成了使命,就提拔他为上大夫。秦昭襄王本来也不存心想用十五座城去换和氏璧,不过想借这件事试探一下赵国的态度和力量。蔺相如完璧归赵后，他也没再提交换的事。

公元前228年，秦国大军攻占赵国，秦始皇统一六国，"普天之下，莫非王土；率土之滨，莫非王臣"，和氏璧自然也就归秦始皇所有了。李斯《谏逐客书》中说："现在陛下拿到了昆山之玉，还有随和之宝，可喜可贺呀！"这里提到的"随和之宝"就是"随侯之珠"与"和氏璧"两物，说明和氏璧已经落入秦始皇之手。秦王统一中国，自称"始皇帝"，公元前221年，他命令能工巧匠将此玉雕琢成为玺，玉工孙寿将宰相李斯书写的"受命于天，既寿永昌"八个鸟虫形篆字刻在和氏璧上，作为皇帝的玉印，这样，和氏璧就成了"国玺"。

和氏璧成为传国玉玺后，历经一系列奇事，这些都记载在《史记》这本文献中。

公元前219年，秦始皇巡视天下，他乘坐的大船抵达洞庭湖时，忽然风浪大作，有人向秦始皇提出建议说：将传国玉玺扔下去以平息风浪。秦始皇采纳了这个建议，便将传国玉玺丢入湖中。说来也怪，洞庭湖竟然立即风平浪静。

八年后，秦始皇巡狩到华阴，有人拿着这个玉玺挡在秦始皇车马必经的大路上，捧着和氏璧对秦始皇说："我现在将这个传国玉玺还给祖龙（皇帝称"真龙天子"，秦始皇是中国历史上第一个皇帝，故而称"祖龙"）。"始皇帝派人收下玉玺后，这个献玉玺的人却突然化作一阵清风而去。

不久，秦始皇东巡时病倒于途中，据《史记·秦本记》记载，秦皇以此玺为天子之权的象征传给扶苏。始皇死后，赵高利用和氏璧篡权，玉玺传给二世胡亥。

秦始皇死后，刘邦挥师进了咸阳，秦朝灭亡，秦朝末代皇帝子婴将传国玉玺献给了刘邦。汉朝开国后，此玉玺便代代相传，成为皇位交接的表征。

然而正是因为和氏璧成为了传国玉玺，这使得传国玉玺的命运多变，时而神秘失踪，时而乍现人间。如此多变的命运，是否能够最终保住和氏璧呢，如果不能，那和氏璧最终流落到哪里去了呢？让我们追寻历史的脚步去探寻和氏璧的最终归宿吧！

班固的《汉书》和范晔的《后汉书》为我们探寻国宝的下落提供了相应的线索。传国玉玺在西汉一朝平静地度过了两百多年，到王莽篡汉时，王莽命大臣王舜向汉孝元太皇太后（王莽的女儿）索取传国玉玺。王莽的女儿身为汉朝的皇太后倒心向着汉室，被逼不过，一怒之下将玉玺摔于地上。从此玉玺缺了一角，王莽只得令人以金镶之。

东汉光武帝刘秀打败了王莽，夺回传国玉玺，此玺又成了汉家天下的象征。

至东汉末年，宦官专权。灵帝熹平六年，袁绍入宫诛杀宦官，段珪携帝出逃，玉玺失踪。至献帝时，董卓作乱。诸侯联军打败董卓，董卓挟汉献帝迁都长安，临行时焚烧宫室民宅，发掘陵墓坟冢。联军先锋孙坚率先冲入洛阳，扑灭宫中大火，设军帐于建章殿上。其军士在殿南一井中捞起一具女尸，项挂一锦囊，内有朱红小匣，用金锁锁着，启匣一看，里面是一玉玺，四寸见方，上镌五龙交纽，有篆文八字，刻了一句吉谶："受命于天，既寿永昌。"程普告诉孙坚，此乃传国玉玺，得之者必有"登九五之分"（做皇帝的运）。孙坚当时就心动了，乃托疾归江东，企图别图大事。盟主袁绍得知此事，要孙坚交出玉玺。孙坚矢口否认，二人几至动武，联军也从此分裂。袁绍索之不得，便通知荆州刘表，要他中途截击孙坚，抢夺玉玺，于是又展开一场"夺宝大战"。

孙坚得了玉玺后并没给袁绍、刘表抢去，然而孙坚死后，他的儿子孙策为了向袁术借兵，将玉玺抵押给了袁术。《山阳公载记》及元朝陶宗仪《南村辍耕录》记述的却是袁术乘孙坚妻吴氏扶棺归里之际，把她劫为人质，攫取了传国玉玺。说来也是一报还一报，袁术死后，广陵太守徐璆也从其妻处夺取了玉玺献予曹操。曹丕废汉自立，从汉献帝手中接过了传国玉玺，并自作聪明地在玉玺一侧刻了一行小字："魏受汉传国之玺"。只不过过了四十五年，这颗玉玺又传到了司马炎的手中。司马炎倒没有再在上面刻上什么"晋受魏传国之玺"的字样。要是都像曹丕这么刻下去，后来抢得皇位的皇帝们恐怕就没地方去刻字了。不过，后来的皇帝们不管这颗玉玺上有没有地方供他们刻字纪念抢了人家的江山，都得再去另刻一颗玺了，因为这颗用和氏璧刻的传国玉玺传丢了！

这颗玉玺由魏、西晋相传，经前赵、后赵，又落入前秦苻坚之手。后苻坚为其部将姚苌俘获，姚要他交出玉玺，苻坚说已送给东晋了。作为一个敌对国，苻坚没有理由去向力量比前秦弱得多的东晋献还玉玺，其实此时玉玺已经下落不明了。因为这个时期中国北方为少数民族政权所控制，所以我们有理由相信，这颗传国玉玺应是失落在某个少数民族部落的后人当中。姚苌自己要当皇帝，觉得不能没有传国玉玺，于是在他建立后秦国时，就伪造了一颗"传国玉玺"。他这一招启发了所有想当皇帝的人，与此同时，后燕慕容垂也伪造了一颗。东晋司马家族素以正统自居，见此情形，也连忙伪造一颗，却把文字刻错了，成了"受天之命，皇帝寿昌"。他们还顺便编造了一则故事，说这颗假玉玺是冉闵的部将蒋干送来的。

后秦的那颗"传国玉玺"在刘裕灭秦后被带回了建康（今南京），东晋王朝知道它是假的，就销毁了它。东晋的那颗后来流入北齐，因为后燕的那颗在亡国后已辗转落入北周，北周灭北齐后，又将东晋假造的那颗"皇帝寿昌"玺毁了。于是，三颗假玺只剩当初后燕慕容垂制的那颗，假的到此时也就算真的了。

这颗玉玺经北周、隋、唐，一直传到五代的后唐。后唐末帝李从珂为石敬瑭围困自焚后，这颗玉玺也就下落不明了。北宋赵匡胤开国后，就未见有传国玉玺的记载。以后的皇帝每个人都有自己的印章，而且不止一颗，但却没了传国的玉玺。虽然后来的王朝也多有声称发现传国玉玺的，但那都是为了证明自己"受命于天"而编造出来骗人骗己的。

其实江山不是靠玉玺来决定是否"既寿永昌"的，历史已经证明了这一点。制玉玺的人江山隔世即亡，那些得玉玺的也从没有一个"既寿永昌"的。而且，既然已经推翻了人家的政权，却去接受人家的传国玉玺，也多少有点儿荒谬的味道。我们中国人历来纠缠于正统、非正统之争，因此，迷信这些传国玉玺的神话。其实"正统"是最难把握的，传国玉玺到后来都变成了三颗，你说哪一颗是正统的？

中外历史文化悬疑大揭秘

狮身人面像没有鼻子吗

古希腊神话传说,狮身人面像是一个长着美丽的人头、狮子的身体、带着翅膀的怪物,名字叫"斯芬克斯"。斯芬克斯从智慧女神缪斯那里学会了许多谜语,于是她日日夜夜都蹲在大路口旁边的悬崖上,见到行人便用各种古怪的谜语询问。如果行人不能猜中谜语,她就把行人撕得粉碎,然后吞食掉。这样,被她吃掉的过路人不计其数,甚至连国王的儿子也成了她的腹中物。

国王心中万分悲愤,发出悬赏告示,宣布谁能除掉这个恶魔,谁就可以获得王位,并可以娶王后为妻。一位名叫俄狄浦斯的青年勇士应国王的征召,爬上了斯芬克斯蹲踞的悬崖,自愿解答谜语。恶魔出了个自以为最难的谜:"什么生物在早晨用4只脚走路,中午用2只脚走路,晚上用3只脚走路?"俄狄浦斯几乎不假思索地回答:"是人。小孩刚学走路时,用两手两脚爬行,这是生命的早晨;长大了,用两脚走路,这是生命的中午;老人年老体衰,拄着拐杖走路,这是生命的晚上。"斯芬克斯见自己无法难倒俄狄浦斯,感到无地自容,从悬崖上跳下摔死了……

公元前2250年,埃及国王哈夫拉来到吉萨,检查正在为自己建造的陵墓——金字塔的施工情况,见采石场上还剩下一块巨大的石头,便命令石匠按照神话中斯芬克斯的基本外形,再配上他的脸型,以及象征国王威严的穿戴等雕刻一座狮身人面像。

自然,按国王这个要求雕出的人面像五官还是比较端正的。然而,后来不知什么时候,人们发现狮身人面像的鼻子不见了,它哪儿去了呢……

有一种传说,拿破仑一世(拿破仑·波拿巴)侵略埃及时,命令法国军队用大炮把狮身人面像的鼻子轰掉了。但据考证:拿破仑攻入埃及之后对狮

△ 狮身人面像

身人面像是加以保护的，更重要的是，早在拿破仑之前，就有关于狮身人面像丢掉鼻子的记载。因此，这种传说并不可信。

还有一种传说，500年前，埃及国王的马木留克兵（埃及中世纪时的近卫兵），把狮身人面像当做大炮轰射的靶子进行军事演习。这一传说也不可靠，因为埃及历代的国王和臣民对狮身人面像都很珍重，怎么说也不会用大炮来轰射它？

那么，狮身人面像的鼻子究竟哪儿去了呢？

古希腊文化之谜

　　自旧石器时代开始，古希腊就出现了人类活动的痕迹。南希腊阿哥利斯地区的弗朗克提洞穴里有大约公元前7000年的中石器时代遗址，这时的人们还只会使用黑曜石制成的工具，以捕食海鱼为生。公元前6000年前，希腊爱琴地区进入了新石器时代，此时人们的认知水平有了飞速进步，希腊本土和爱琴海的许多岛屿上都出现了他们的足迹。他们开始种植大麦、小麦和豆子，驯养了绵羊、山羊和猪作为新的食物来源。

　　满足了物质需要的古希腊人开始用简单的艺术形式来表达对神和自然力的崇拜，象征丰收的泥塑女神像就是一个证明。这时的人们已经在海上开始了早期的交流活动，其中一个很明显的例子就是黑曜石石器的使用。新石器时代的各地居民经常使用黑曜石打造成的具有锋利边缘的石器，但是这种黑曜石只出产于爱琴海上的米洛斯岛。这些矿产是怎样流传到古希腊各地去的呢？应该就是海上往来的结果。由此可见，早在公元前7000年~公元前6000年间，爱琴海上就已经出现了早期的海上贸易。

　　石器时代在古希腊的土地上缓缓走过了漫长的岁月，到公元前3000年，青铜文明的曙光终于在陆地和海洋中显现。与此同时，人口数量明显增长，商业往来日益频繁，为了维护贸易正常进行，人们在靠近海洋的地方修建了大型的建筑物和城防设施。宗教与艺术随同经济一起继续发展，泥塑的神像如今已经变成了大理石材质，在基克拉迪斯群岛出土的大理石"大地女神"像和奏琴吹笛者像显示了更高的艺术水平。一切迹象都表明，爱琴地区的人们正在向着文明越走越近。不久，克里特岛和希腊半岛上的迈锡尼等地分别出现了早期的文明，甚至建立起了初具规模的城市国家。这些闪耀着人类早期智慧光芒的青铜文明被统称为爱琴文明，它们的出现犹如一盏盏明灯，照亮了尚处于石器时代的爱琴海和希腊半岛。

克里特岛最早的新石器文化遗址大约出现在公元前6000年。到公元前2500年前后，岛上的铜器和青铜器逐渐增多，生产和贸易进一

△ 位于雅典卫城的帕提农神庙

步发展，原始社会逐渐解体。公元前2000年，克里特岛出现了最初的国家，这一时期的文明已经颇为繁荣，克诺索斯和法埃斯特地区修筑起了宏伟的宫殿，岛上出现了欧洲地区最早的文字，工商业、航海贸易和艺术创作也都取得了很大成就。然而富足的经济引来了外族人的入侵，城市和王宫屡次被毁又屡次重建，最终在公元前1450年左右被迈锡尼人占领。

公元前20世纪后期，希腊半岛的迈锡尼、梯林斯、派罗斯等地都出现了相当发达的青铜器文化，其中以迈锡尼为主要代表，被称为迈锡尼文明。

大约从公元前12世纪初开始，迈锡尼文明逐渐走向衰败。著名的特洛伊战争爆发。战争持续了10年之久，最后希腊联军虽然攻下了特洛伊城，但是自己也元气大伤。不久，希腊人的另一支多利亚人从希腊半岛北部南下，攻占了中希腊和伯罗奔尼撒的迈锡尼等国，迈锡尼文明自此灭亡。

虽然和迈锡尼人同属于希腊民族，但是多利亚人一直居住在内陆山区，经济和社会发展还都很落后。毁灭了迈锡尼之后，他们也没能建立起属于自己的新国家。只破不立，致使希腊文明至此断绝了。从公元前11世纪到公元前9世纪的300年，各地又重新回到原始社会的黑暗时代。

关于这300年间的希腊历史，流传到今天的唯一文字史料是《荷马史诗》。由于《荷马史诗》是反映这一时代历史情况的主要文献，后人便将此时期命名为"荷马时代"。

 中外历史文化悬疑大揭秘

 ## 《荷马史诗》之谜

荷马是一位传说中的盲诗人。在相传的古老故事里,他生活在公元前850年~公元前750年左右的希腊。人们相信荷马是确实存在过的人物,但历史学家们却对他的存在一直持有怀疑。希腊人相信荷马出生在小亚细亚的伊俄尼亚或者埃俄利斯,但是其他还有包括雅典和阿耳戈斯在内的至少7个地方竞相声称自己才是荷马的故乡。荷马可能是一位吟游乐师,和当时的许多口头文学艺人一样过着流浪的生活,足迹遍布希腊的土地。

《荷马史诗》包括《伊利亚特》和《奥德赛》。前者叙述的是特洛伊战争中最后几天发生的故事,后者叙述的是战争生还者奥德修斯一路上历尽磨难返回家园的故事。虽然叙述的是青铜时代里的特洛伊战争,但这段属于迈锡尼文明的历史保存在《荷马史诗》中的只有一些人名、地名和历史事件。史诗中描绘的社会风情和生活环境,已经明显是铁器文明影响下的产物了。一大批吟游艺人将历史、传说和神话用歌谣的形式固定下来,经过世世代代的潜移默化,融合他们身边的社会现实和生活方式,再经过天才诗人荷马的充实和修改,一部情节属于青铜时代、环境属于铁器时代,追忆着昔日英雄与辉煌的伟大史诗终于诞生,并对后世产生着重大影响。

《荷马史诗》中的英雄人物都具有神的能力和人的性格,而史诗中的神又都具有人的特点。英雄们在神的庇护或者敌视下作战,他们的举动和际遇都会受到神的控制,甚至被神灵决定命运。希腊神话中的12位主神纷纷在这里亮相,他们似乎是在进行一场多人遥控的棋类游戏,每个神都有自己感兴趣和偏袒的一方。虽然他们也会为战争双方的胜负生死发出由衷的感叹甚至流下泪水,但人间的英雄就是他们手下的棋子,承他们赋予勇气和力量,又因他们之间的争斗成为一个又一个牺牲品。所有的流血和争斗看起来都是棋

盘上的点缀，战争在人间厮杀流血，却在天上被安排了结局。神灵们的好恶决定了英雄们的胜负，神灵们的争斗决定了英雄们的生死。整部史诗的字里行间流淌着宿命的雄壮悲凉的气氛，英雄们几乎无一例外的悲剧结局更是引起后人们无尽的感叹。史诗中的文字华丽典雅却又无比贴切，无论是惊心动魄的厮杀还是钩心斗角的谋略，都被栩栩如生地展现在后世读者面前，充满喜怒哀乐的日常琐事也为后人津津乐道。

△ 荷马雕像

《荷马史诗》为后人留下了一笔极为宝贵的精神财富，对古希腊和整个西方文明产生了重要影响。在此后的千百年中，它一直影响着西方的诗歌、戏剧和历史，它的精神渗入作者的思维和他们笔下的字里行间。直到今天，人们依然可以从许多地方闻到《荷马史诗》留下的古老气息，看到它深远的影响。

一、悲伤的戏剧

古希腊戏剧起源于先民们在春种秋收的季节向酒神狄俄尼索斯祭祀时表演的颂歌和舞蹈。经过长期的发展，最初简单的祭祀仪式终于演化成具有相当规模和程序的戏剧。古希腊的戏剧一般取材于神话，但表达的却是彻彻底底的人的感情。从这些戏剧中经常可以看到《荷马史诗》的影子，从这里足可以看出《荷马史诗》对后世的深远影响。

古希腊三位最著名的悲剧作家之一爱斯奇里斯的代表作《被缚的普罗米修斯》塑造了一位盗火者普罗米修斯的形象，此后这一形象被后人反复引用和演绎，不断拓展意义、延伸内涵、提升境界，终于使普罗米修斯的形象成为一个为追求人类广泛利益而献身的精神图腾。

普罗米修斯是一位人类幸福的缔造者和生存环境的改造者。普罗米修斯带来的火种为人类创造了一个完全崭新的世界和前所未有的幸福生活。

普罗米修斯所受的苦难也广为人知。宙斯不但把他锁在高加索山的悬崖上，还命令一只鹰每天啄食他的肝脏，每次啄食掉后，很快又会恢复原状。这种周而复始的苦难惩罚在先民的传说中之所以出现，也许是因为在生产力还很低下的年代，人们用来改造世界的工具在神秘莫测而又威力无穷的自然面前显得太简单无力，但为了生存又不得不去与自然抗争，古老的神话正表现了这样一种既虔诚又无畏的精神和信念。

爱斯奇里斯一生创作了90部戏剧，但是流传下来的只有7部。他曾经参加了希波战争，并以此为题材创作了戏剧《波斯人》。在这部剧作中，有这样一段台词：

"前进啊，祖国的男儿！快救救你们的祖国，救救你们的妻子儿女，救救你们祖先的神殿与坟茔，你们现在是为自己的一切而斗争！"

爱斯奇里斯在戏剧史上的贡献是不可磨灭的：在他之前的戏剧只有一个演员，是他采用了两个演员进行表演，并使对白在悲剧中成为表达思想感情的主要方式。他还开始使用服装、道具和布景，这表明戏剧形式正在向更加有序的方向演进。

另一位古希腊戏剧家索福克利斯大约生活在公元前496年～前406年之间。据说他一生写过100多部戏剧，但是流传下来的也只有7部。他的代表作是《俄狄浦斯王》。

俄狄浦斯王原本是底比斯的王子，因为被神预言将来要弑父娶母，所以一生下来就被父母送给牧羊人，并要求其代为处死这个婴儿。但是牧羊人出于同情并没有杀死这个孩子，而是将他送给了别人。此后这个孩子长大成人，也听神预言说自己将来要弑父娶母，但是他以为自己是牧羊人的儿子，所以为了避祸就远走他乡。此后他在去底比斯的路上误杀了底比斯王，即自己的生父，然后到达底比斯。在那里他猜出了人面狮身的女妖斯芬克斯的谜语，使其狂怒而死，为底比斯人除去了一害，因而被当地人拥戴为国王。他娶了以前国王的妻子，亦即自己的生母，并在底比斯开始生活。他与王后生下了子女，很勤奋地治理城邦，但城邦里却爆发了瘟疫和灾难，神明指示说只有将杀害前任国王的凶手驱逐出境才能消除城邦里的灾祸，于是俄狄浦斯王就开始了追查凶手的行动。然而种种线索将最大的嫌疑集中到了他自己的身上，当最终的谜底被揭开时，俄狄浦斯王终于无法承受自己弑父和乱伦的错误，在狂怒中从自缢的王后身上取下金别针刺瞎了自己的双眼，从此离开了底比斯，摸索着走向深山，用流浪和放逐的方式来惩罚自己。

二、他们笔下的历史

西方的史学从古希腊开始，最早的开端应该是《荷马史诗》。虽然它不能算作是史学著作，但是却具有非常重要的史料价值。此后从公元前6世纪后半期开始，小亚细亚的爱奥尼亚出现了许多"纪事家"，他们记录的范围包括古老相传或者道听途说的旧事、自己或他人游历四方的见闻，总之一切落入他们耳中或者眼中的事迹都可能被记录下来，用作教育他人的道德教材或者编写成见闻录一类的集子。

公元前484年，有"史学之父"之称的希罗多德出生在小亚细亚西部的爱奥尼亚城邦哈利卡尔纳苏斯。他曾游历多地，见多识广，收集了许多关于希波战争和其他历史事件的资料。到公元前425年逝世时，他完成了一部60余万字的《历史》，即《希腊波斯战争史》。这并不是一部简简单单的希波战争史，它所记录的范围实际上概括了当时的希腊人所能了解到的整个世界历史。书中介绍了许多东方的风土人情，使后人在今天依然可以看到埃及等地文明奇异而又古老的侧影。

在希罗多德之后出生的修昔底德（约前460～前395）属于另一种极度严谨的史学家，他著作的将近百万字的《伯罗奔尼撒战争史》被后人称为信史，具有极高的历史价值。

修昔底德曾经参加过伯罗奔尼撒战争，战争初期时曾任将军之职，后因驰援不力而被革职流放，从此长期避居在色雷斯。修昔底德在战争中掌握了大量有关的信息，流放期间又游历了伯罗奔尼撒半岛和西西里各地，广泛收集相关素材，然后按照编年体的形式，将那一段历史尽量详尽真实地记录下来，其中涉及战争实录、政治斗争、社会情况、外交形势等。

苏格拉底的学生色诺芬（前430～前354）虽然是雅典人，但对斯巴达的政治体制却非常向往。他的主要作品有《希腊史》、《远征记》、《居鲁士的教育》、《斯巴达政体论》、《回忆苏格拉底》、《经济论》、《论税收》等，其中比较出色的是以那段援助波斯国王的经历为背景的《远征记》。色诺芬的文字朴素流畅，他本人被后人称为"阿提卡蜜蜂"。

大约生活在公元前204年～公元前122年的历史学家波里比阿被后人称为"历史学家中的历史学家"。他笔下的历史并不如先前那三位史学家那样生动鲜活，但是却最符合历史科学的方法和要求。他的主要著作是《通史》，以罗马的对外扩张及其政治制度的演变为线索，记录范围从公元前218年第二次布匿战争的爆发，一直到公元前146年迦太基的灭亡和希腊各邦的被征服。他认为整个世界的发展之间是有着密切联系的，这可以说是一种早期的"全球化"思想。他曾经写道：

"在今天这个时代，历史可说已成为一个有机的整体，罗马和迦太基发生的一切与亚洲和希腊发生的一切密切相关……因此，要对历史的全貌有一个实际认识，不能不说个别的历史已用处甚微。只有将各事件与总体之间千丝万缕的联系一起揭示出来，指出其相似点和不同点，才有可能认识历史的全貌，才能在研究历史时，不仅得到乐趣，而且有所裨益。"

三、博学的亚里士多德

公元前384年，亚里士多德出生于爱琴海北部卡尔西乃西半岛东岸的斯塔吉拉希腊移民区。这座城市与当时正在兴起的马其顿相邻，亚里士多德的父亲就是马其顿国王腓力二世的宫廷侍医。

公元前367年，亚里士多德迁居到雅典。在那里，他成了哲学家柏拉图的学生，并且一学就是20年。在学习过程中，亚里士多德表现得极为出色，经常因为观点不同而与柏拉图争论不休，为此还留下了一句广为人知的名言："吾爱吾师，吾更爱真理。"柏拉图去世之后，由于学术上的分歧实在太大，亚里士多德没有成为柏拉图身后的阿卡德美学院执掌人，离开了雅典，在别处继续生活和思考。

到公元前343年，他受马其顿国王腓力二世的聘请，担任了13岁的太子亚历山大的老师。腓力二世在给亚里士多德的邀请信中写道："我有一个儿子，但我感谢神灵赐我此子，还不如我感谢他们让他生于你的时代。我希望你的关怀和智慧将使他配得上我，并且无负于他未来的王国。"公元前336年，腓力二世遇刺身亡，亚历山大即位。亚里士多德提倡的是公民政治，由中等公民掌权，兼顾

△ 拉斐尔的著名画作《雅典学派》，图正中两人分别的柏拉图与亚里士多德

上下两层公民的利益，但这在当时和柏拉图的理想国一样属于无法实现的空想，理所当然得不到亚历山大的接受。但亚历山大和腓力二世一样，对亚里士多德非常尊敬。据说此后他在远征亚、欧、非诸大陆的过程中依然不忘让人收集动植物标本和各种法律、政治资料交给亚里士多德，为他以后进行生物学研究提供了很多帮助。

公元前335年，亚里士多德重回雅典，在雅典城东北部的吕西昂体育场开设学院，进行科学研究并广收门徒，教授的科目有哲学、物理学、辩证术、修辞学、政治学等课程。亚里士多德在这里创立了自己的学派，使这里逐渐成为一个研究各种科学问题，特别是生物学和历史学方面问题的中心。亚里士多德和这个学派的成员们经常在林荫道上一边散步一边讨论问题，因此而得名"逍遥学派"。

亚里士多德是一名百科全书式的学者。据说他一生写了400～1000部作品，主要有《工具论》、《物理学》、《伦理学》、《政治学》、《诗学》等。他对古希腊科学的各个分支都有研究，对前人的成果作了全面的总结，代表了古希腊科学知识的最高水平，在这些方面的建树远比他在哲学观点方面的贡献大。他开辟了古典逻辑学（形式逻辑）、动物学等新的研究领域，

研究了辩证思维的最基本的形式,在物理学、动物学、植物学、医学、历史学、政治学、文艺理论等方面也都作出了探索与贡献,虽然在许多地方不免有谬误之处,但他仍是当时最博学的学者。

公元前323年,亚历山大在巴比伦猝死之后,雅典掀起了反马其顿的狂潮。由于曾经和腓力二世以及亚历山大有着密切的关系,亚里士多德和苏格拉底一样被扣上了对神不敬的罪名。但是亚里士多德并没有重蹈苏格拉底的覆辙,他说:"雅典人曾经在苏格拉底身上犯下了对哲学的罪行,但这次他们可能没有机会了。"随后他离开雅典,逃到北方优卑亚岛的加尔西斯。第二年他在那里病逝,终年63岁。

四、科学之光

古希腊的第一位哲学家泰勒斯早年游历埃及时,曾经测出了胡夫金字塔的高度,他的方法就是在阳光下立起一根木棍,测出它的影子的长度,然后再量出金字塔投在地上的影子的长度,按照比例就可以算出金字塔的高度。虽然这种方法在今天看来很平常,但在几千年前科技尚不发达的年代,却是很令人惊讶的智慧。

毕达哥拉斯更是一位卓越的数学家。对于数学的痴迷和执著影响了他的宇宙观,也使他在数学领域作出了伟大的贡献。他的主要成果有第一次证明了任意三角形的三内角之和永远等于180°;发现只有正三角形、正方形和正五边形能够构成正多面体等。

留基波和德谟克利特提出的原子理论在古希腊是一个很富有想象力的论断。"宇宙间一切物质都是由原子构成的。原子是不可再分的微小颗粒,肉眼看不见它们。它们不能产生也不能消灭,以不同的方式结合在一起就构成不同的物体。"德谟克利特还曾经通过极限求和证明了圆锥体的体积等于同底同高圆柱体体积的1/3,这实际上是已经利用了微积分的方法。

大约生活在公元前330年~公元前275年的欧几里德是古希腊的著名数学家,他以13卷的《几何原本》而闻名于世。它综合了前人的研究成果,以严密的逻辑简明地阐述了各种定理、命题和论证,奠定了几何学的论证体系,直到今天还在西方被作为几何教材使用。

在天文学方面，著名的代表是阿里斯塔库斯（约前310~前230）、埃拉托色尼（约前275~前194）和希帕库斯（约前185~前120）。阿里斯塔库斯是一位具有丰富想象力的科学家，他在哥白尼之前1000余年经过科学推算提出了日心学说，并推算出太阳与地球的直径比应该在19∶3和43∶6之间。虽然他这个结果数据与实际值相差太大，但是毕竟告诉了人们太阳远比地球大，地球应该是围绕着太阳运转的。希帕库斯更加精密细致，他融合巴比伦、埃及和希腊的各种研究材料和成果，发展了天体运行学说，编制了古代世界最相近的星表，还发现了"岁差"。在数学上，他最重大的成就是创立了三角学。而埃拉托色尼则是第一个算出地球周长的人。

古希腊另一位著名科学家阿基米德，在数学、物理学和工程学上作出了重大的贡献。在数学上，阿基米德用穷竭法求得了抛物线弓形、螺线、圆形的面积、圆球的体积以及椭球体、抛物面体等复杂几何体的体积，还估算出 π 值在3.1428571和3.1408451之间，这种逐步近似求极限的方法后来被公认为是微积分法的前身。

阿基米德在杠杆、滑轮、浮力、斜面、比重等静力学和流体静力学方面的成绩尤为突出。他发现了杠杆原理，利用这一原理设计制造了举重滑轮、灌地机、扬水机以及投射器等许多机械，还留下一句名言："给我一个支点，我能撬起整个地球！"阿基米德对于科学执著探索的精神一直是后人的楷模，他测定国王金冠真伪的故事广为人们所知，由此发现的浮力定律，即物体在液体中受到的浮力等于排开同体积流体的重量，后来也被命名为阿基米德定律。

公元前212年，古罗马军队攻入了叙拉古，正在花园的沙地上研究几何题目的阿基米德被一名罗马士兵杀死，终年75岁。应他生前的要求，人们将一个圆柱内切球的图形刻在了他的墓碑上。他的学说和发现同伟大的古希腊文明一样，虽然形体不免消逝，但其精神却从此永存。

到底有没有荷马其人和《荷马史诗》

古代希腊的《荷马史诗》是世界文化的瑰宝，是古希腊人留给后世的一份重要的精神财富和文化遗产。对此，马克思曾给予很高的评价，认为希腊的艺术和史诗"仍然能够给我们以艺术享受，而且就某方面说还是一种规范和高不可及的范本"。

荷马的史诗包括两部叙事史诗：《伊利亚特》和《奥德赛》，这两部出色的作品相传为荷马所作，所以后世又统称为《荷马史诗》。但是，是否有荷马其人及"荷马的史诗"，在西方文学史上却是一个聚讼纷纭、争论不休的疑案。20世纪以来，论述荷马其人其作的著述，可谓汗牛充栋，展开了一场旷日持久的激烈争论，形成了学术史上众所周知的"荷马问题"。

所谓"荷马问题"，归根结底是这两部史诗的作者问题。目前，我们对荷马的生平所知甚少，虽然流传到现在的荷马的传记共有9部，但这些传记充斥虚构，而且相互之间矛盾百出，时至今日显然已失去它可资参考的文献价值。西方古典作家对这位诗人的时代说法不一，古希腊作家认为荷马大体与赫西俄德同时即是公元前8至7世纪之交的人，但也有人认为应早于赫西俄德，有些人则说他晚于赫西俄德。古罗马史学家塞奥彭帕斯说荷马生于公元前686年，说得如此肯定而又确切，但人们并不知道他的根据是什么。另一个古代传说称荷马生于公元前1159年，这个说法又似乎太早了一点儿。以上诸说，不可尽信，也不可完全不信，传统倾向这样一种意见：荷马生活的年代大约在公元前9至公元前8世纪之间，相传为盲诗人，因此才叫他"荷马"（Homeros，在爱奥尼亚土语里就是"盲人"的意思）。

关于荷马的出生地，说法也各异。由于《荷马史诗》在古代所具有的巨大影响，一个城邦被看做荷马的故乡似乎成了一种荣誉，因此曾有密而纳、希俄斯、科洛丰、皮罗斯、阿尔戈斯、雅典等许多城邦争着要荷马当他们城邦的公民。事实上，在古希腊世界，几乎所有的城邦都声称荷马就生在他们那里，这是由于这些城邦都看到《荷马史诗》中某些词句、词组乃至个别方言俗语，是来自他们那个地方的。

在古代，尽管对荷马其人颇多异说，但古典作家并不否认他的存在，也承认荷马是《伊利亚特》和《奥德赛》两部史诗的作者。著名的古希腊历史学家希罗多德、修昔底德，哲学家柏拉图、亚里士多德等人大体都持有这样的观点，而且他们都毫不例外地受到过《荷马史诗》的巨大影响，柏拉图在《理想国》中指出，当时希腊人崇敬荷马，认为"荷马教育了希腊"。从中古时代到18世纪的欧洲，传统一直认为荷马是历史上确实存在过的远古时代的一位伟大的诗人。

到了近代，"荷马问题"骤起。法国僧正多比雅和意大利历史学家维柯率先发难。1725年维柯的《新科学》一书问世，作者在该书第3卷《发现真正的荷马》中，根据这两部史诗本身一些语言学上的证据和他在《诗性智慧》部分所奠定的一些原理，作出了如下"发现"：此前人们一直置信的荷马并不存在，他不过是希腊各族民间神话故事说唱人的总代表，或是原始诗人的想象性的典型人物，希腊各族人民自己就是荷马。两部史诗之间的间隔相距有数百年之久，所以它们不可能出于一人之手，《伊利亚特》当然先于《奥德赛》，如果前者是荷马少年时的作品，后者则是他晚年的产物，这个"他"只能代表早晚年代不同的整个民族，而绝不是同一个人。这一"发现"，石破天惊，极大地震动了西方学术界。1795年，德国学者沃尔夫在《荷马史诗研究》一书中作出了更加详尽的论证，指出史诗从公元前10世纪左右开始形成，经过了几个世纪的口头相传，直至公元前6世纪雅典真主庇西特拉图当政时，才正式用文字记录下来。他断言两部史诗各分成若干部分，每一部分都曾作为独立的诗篇由歌手们演唱，经过多次整理加工，史诗才成为我们今天看到的样子，因此，《伊利亚特》和《奥德赛》并非出于同一个诗人的笔下，而是许多歌手的集体创作。后来，他的同胞拉赫曼更明确地阐述了前者的观点，谓两部史诗乃是由口头相传的单篇的民间诗歌作品汇编而

△ 荷马史诗·伊利亚特

成的,如他曾把《伊利亚特》除最后两卷外,分成了16首互相独立的诗篇,这种观点,通常被称为"分解说",即"小歌说"。

与上说相对立的是"统一说"。"统一说"实质上是古希腊有关荷马传统看法的复活,它以德国学者尼奇为代表,主张荷马其人有历史的真实性,生卒年代应不晚于公元前9世纪;史诗有统一的艺术结构,他批评了"分解说"的一些论点,认为《荷马史诗》中的矛盾是微不足道的,这类细小的矛盾不足以证明两部史诗是由几个诗人参与创作的。

介于这两者之间的是"基本核心说",这是一种调和折中的观点。在这派人看来,《荷马史诗》最初的基础可能是一些短篇,后来以这些短篇为核心,逐渐加以扩大,如德国学者赫尔曼认为,有关阿基里斯的愤怒的文字是《伊利亚特》的基本核心,俄底修斯渡海返乡的漂泊奇遇的故事则是《奥德赛》的基本核心,其余部分都是后来添加上去的。因此,史诗既保持了基本的统一，同时存在不少脱离布局甚至自相矛盾的地方。德国学者基希霍夫、英国史家格罗特等人基本上都持有这样的见解：两部史诗既不是一连串各自分开创作的民间诗歌的汇编，也不是出于一位大诗人的手笔，它们经历了很长的历史时期，古老的神话传说与特洛伊战争的英雄故事，是它最原始的素材，在漫长的流传过程中，势必由许多民间诗人对它不断地进行增删、修饰，最后似应由一位大诗人（如荷马）进行加工整理而成，这种综合性的说法已日益为学术界更多的人所接受。

当然，"荷马问题"的疑案并没有就此解决，20世纪以来，学者们对它投入的热情仍有增无减，最有代表性的是美国学者帕里对《荷马史诗》的研究。他从语言学的角度，仔细研究了这两部史诗中重复出现的词组、短语，尤其是每个英雄和神的名号的组合与使用，发现史诗具有一整套程式化的语句。他认为，史诗不是诗人简单地运用一个个词创作出来的，它是由大量程式化的词组和诗句结合而成。据统计，荷马史诗中有1/5是由重复使用的诗句构成的，总共2.8万行诗中有2.5万个重复出现的短语。这些程式化的用语符合配乐咏唱的古希腊诗歌的特有规律，也便于在没有文字的条件下口头传诵和即兴创作。如此大量而固定的程式用语，显然不能出自一个诗人的创造，那是经过世代民间歌手不断口舌相传、不断积累筛选而约定俗成的。帕里的发现被学术界认为是20世纪荷马研究中最重要的成就，他因此被誉为"荷马研究中的达尔文"。

对《荷马史诗》及其史诗作者的研究与争辩，如同这两部史诗具有永久的魅力一样，也许永无休止，但再多的争论也改变不了这样一个事实，即《伊利亚特》、《奥德赛》是世界文化史上的一部伟大的史诗。

 荆轲刺秦王之谜

此地别燕丹，壮士发冲冠。

昔时人已没，今日水犹寒。

这是骆宾王的诗——《于易水送人一绝》。

好一句"昔时人已没，今日水犹寒"。萧萧易水河畔，秋风瑟瑟，诗人在与谁别离？那定是肝胆相照的挚友，因为这样诗人才会如此慷慨激昂，才会想起当年荆轲在这里唱起的《易水歌》。

同样的易水河畔，同样的秋原辽阔，荆轲立于船头，望着岸上前来送行的燕太子丹以及高渐离、宋意，他们身着白色衣冠（丧服），双眼含泪，荆轲此行刺杀秦王，命悬一线，生死难料，也许这将是他们最后一次的相会。高渐离击筑，荆轲应声而歌："风萧萧兮易水寒，壮士一去兮不复还！"歌声悲壮凄凉，荡气回肠。

寒水如镜，但它能够照出壮士的一片丹心吗？

一、荆轲其人

荆轲是谁？为什么刺杀秦王的任务会派给他？在《史记·刺客列传》中，荆轲是最后一个被描写的刺客："荆轲者，卫人也。其先乃齐人，徙于卫，卫人谓之庆卿。而之燕，燕人谓之荆卿。"太史公为我们介绍得很详细，荆轲是齐国庆氏的后裔，后来迁居卫国，人称庆卿。后来到了燕国便改姓荆，人称荆卿。他喜好读书舞剑，是个性情中人，也更像个游侠。荆轲曾经向卫元君游说，却不为所用。公元前241年，秦国攻下卫国濮阳（今天河南濮阳西南），作为秦东郡的治所，卫元君则被迫迁到野王（今天河南沁阳），成为了秦王的一个附庸。随后，荆轲便开始周游列国。

有人说荆轲是个胆小之徒。《史记》记载："荆轲尝游过榆次，与盖聂

△ 汉《荆轲刺秦王》画像石

论剑,盖聂怒而目之。荆轲出,人或言复召荆卿。盖聂曰:'曩者吾与论剑有不称者,吾目之;试往,是宜去,不敢留。'使往之主人,荆卿则已驾而去榆次矣。使者还报,盖聂曰:'固去也,吾曩者目摄之!'"这是荆轲在榆次的一次经历,他喜好舞剑,便与盖聂在一起讨论剑术,可惜话不投机,盖聂十分生气,怒目而视,荆轲见状,没说什么就扬长而去了。有人提议把荆轲叫回来,可盖聂说:"我们一起论剑,有谈得不如意的地方,我用眼睛瞪他。你去找找看吧,不过估计已经走了,他不敢留在这里。"果然,荆轲已经驾车离去,盖聂认为是自己怒目而视吓走了他。还有一次在邯郸,荆轲和剑客鲁句践一起下棋,但两人在输赢上发生了争执,鲁句践十分气愤,斥骂了荆轲。荆轲见状,连话都没说就离开了,再也没回来。那么荆轲真的是被盖聂和鲁句践的怒视和斥骂吓跑的吗,他真的是胆小懦弱吗?

　　有人说那是荆轲心胸广阔,能屈能伸,不愿意与他们二人斤斤计较,既然不是一路人,那就只好各走各的路了。荆轲更像是韩信甘受胯下之辱,怕是太史公的意思也是借此赞誉荆轲的隐忍品德吧?因为如果荆轲真的是胆小怕事之人,他后来又怎么可能被选作刺秦的人选,更不要说图藏匕首走到秦王的面前,恐怕还没走进大殿,就会被秦王的气势吓跑了。

　　后来,荆轲到了燕国,结识了当地的狗屠夫和擅长击筑的高渐离。他们经常在一起喝酒，然后，高渐离击筑，荆轲和声而歌，唱着唱着就哭起来了，旁若无人。荆轲虽能以酒交友，但也喜好读书，结识了一些贤豪长者，其中就有他的知遇之人田光，两人成为挚友，田光觉得荆轲非等闲之辈。后来也是在他的推荐下，荆轲才被燕太子丹选为刺秦的勇士，那么燕太子为什么要刺秦？荆轲又为什么要接受这一任务，是为了个人恩怨，还是为了民族大义？

二、壮士刺秦为哪般

话说秦王嬴政一心想灭掉各个诸侯国，四海归一，他重用尉僚，不断征战。燕赵联盟以失败而告终，燕国的土地也损失许多。这时，原来在秦国做人质的燕太子丹见此情形，就偷偷逃了回去。秦王吞并六国已是大势所趋，但面对浩浩荡荡的秦军，燕太子害怕灾难降临到自己头上，于是决定要找人行刺秦王。他先是找到了田光，但田光年老力衰，就向燕太子推荐了荆轲。我们看看太子丹是怎么劝说荆轲的："秦王要兼并天下，让四海臣服，十分贪婪。现在，韩国已灭，秦王又南伐楚，北讨赵，接下来就要轮到燕国了。燕国力弱民少，根本不是秦国的对手。各诸侯国又害怕秦王，不敢合纵，所以，我认为，如果能有一位勇士出使秦国，以重利相诱，迫使秦王归还诸侯的土地，是最好不过的。如果不行，就杀了他，群龙无首，乘其内乱，诸侯联合，一定能打败秦国。"

太子丹的出发点一方面是为了挽救燕国将亡的局势，反抗强秦的兼并；另一方面，我们不能排除他自己的个人恩怨，被当做人质留在秦国，他肯定过不上什么好日子，好不容易逃回了祖国，却又面临着亡国的命运，燕太子对于秦王定是怀恨在心。可是，荆轲刺秦的原因又是什么呢？

有人认为荆轲只是为了报答太子的知遇之恩。的确，荆轲能够冒着生命危险入虎狼之地，刺杀秦王，从个人情感而言，肯定包含着报恩之情。就在临死之前，他还念念不忘"必得约契以报太子"，但是就此把刺秦的意义仅归结为报恩，恐怕太过狭隘了。从大局来看，燕太子请求荆轲出面的缘由是"今秦有贪利之心，而欲不可足也。非尽天下之地，臣海内之王者，其意不厌……入臣则祸至燕。燕小弱，数困于兵。今计举国不足以当秦。诸侯服秦，莫敢合纵。"而当时荆轲的回答是："此国之大事也，臣驽下，恐不足任使。"可见荆轲是把刺秦作为国家大事来看待的。后来他激励樊于期自刎献首时也曾说"然则将军之仇报而燕见陵之愧除矣"，既能解除燕国之患，又能为将军报仇，这也说明了荆轲接受刺秦的任务主要是为了反抗暴秦，试图使燕国走出灭亡的险境。

也有人指出，秦王一统天下是大势所趋，符合历史的发展方向，那么荆轲的行为是否可以看做是"小义"，是不值得提倡的？战国后期，四处征伐，百姓深受战乱之苦，他们也渴望能天下稳定，能过上安居乐业的日子。然而秦始皇一统天下主要是依靠兼并战争，这种战争充满了屠杀和掠夺，也给被兼并国家的人民造成了深深的苦难，例如长平之战中，秦将白起坑杀赵国降卒40万人，而亡者大多是农民。在战争中，"百姓不聊生，族类离散，流之为臣妾"，所以从这一角度来看，被兼并国家的人民憎恨秦王，荆轲出于挽救燕国的目的而前去刺秦的行为难道都应该被否定吗？谁会愿意献上自己的国家来实现他人的天下一统，像电影《英雄》中的无名那样，能够感悟到秦王一统天下的"大义"而放弃刺秦之人怕是只能存在于电影之中吧？

陶渊明曾作《咏荆轲》诗："饮饯易水上，四座列群英。渐离击悲筑，宋意唱高声。萧萧哀风逝，淡淡寒波生。商音更流涕，羽奏壮士惊。心知去不归，且有后世名……其人虽已殁，千载有余情。"国家有难，匹夫有责，明知不论成功失败，都将一去不归，这样把生死置之度外、大义凛然的行为也只有胸怀宽阔、懂得民族大义之人才能做得出。

三、功败身死成就千古英名

荆轲一行来到秦国，随即带着价值千金的礼物去见秦王的宠臣蒙嘉。蒙嘉先是在秦王面前吹风："燕王的确是惧怕大王的威严，不敢发兵反抗，他愿意举国称臣，和各方诸侯同列，像郡县一样进贡，只求能奉守先王的宗庙。燕王不敢自己前来，特地斩了樊于期的头颅，并献上燕国督亢的地图以表诚意。燕王亲自在朝廷送行，派使者前来向大王禀告，请大王明示。"这第一步算是成功了。

秦王当然大喜，急忙穿朝服，设九宾之礼，在咸阳宫召见燕国使者。

荆轲捧着装有樊于期头颅的盒子，秦舞阳捧着装有地图的匣子，一前一后走上大殿。就当他们走到宫殿前面的台阶时，秦舞阳脸色大变，浑身发抖，大臣们很是奇怪，差一点就露馅了，还是荆轲机智稳重，回过头朝秦舞阳笑了笑，上前谢罪说："他是北方蛮夷之地的粗人，没见过世面，今天见得天子的威严，所以害怕，还请大王原谅宽容，让他在大王面前完成使命。"这第二步总算是化险为夷。接下来的一幕无论是在太史公的笔下，还是在各种的影视剧里都是最惊心动魄的一幕，所有的希望，所有的努力都是为了这一时刻的来临。

秦王让荆轲把地图呈上，荆轲小心翼翼地献上地图，慢慢打开卷轴，当地图完全展开时，藏在其中的匕首也显露了出来。说时迟那时快，荆轲一把拉住秦王的衣袖，抓着匕首就刺了过去，可惜没能刺中。秦王大惊失色，抽身而起，挣断衣袖，伸手拔剑，剑身太长，剑又卡得太紧，一时之间难以拔出。这时，只见荆轲在大殿之上追赶秦王，秦王只好绕着柱子跑，已经全无威严可言，群臣惊慌失措。按照秦国律法，上殿大臣不得佩带任何兵器，守卫宫禁的侍卫虽有武器，但都在殿外，没有命令也不能上殿。没有办法，大臣们在惊慌之间只好用手去抓荆轲，亏了御医夏无且用他身上带着的药袋向荆轲投去，秦王才有了喘息的机会，在大臣的提醒下，秦王把剑背过去，遂拔出剑以击荆轲，一下子砍伤了他的左腿，荆轲跌倒在地，仍不甘心，举起匕首向秦王投去，却只扎在了柱子上。天不助他，身中数剑之后，荆轲只能倚柱而笑，大骂道："事所以不成者，以欲生劫之，必得约契以报太子也。"最终功败身死。

我们在为荆轲扼腕的同时，不禁也感到疑惑，为什么千挑万选的荆轲没有取得成功，失败的原因是什么，秦王在遭袭之后，又为什么没能及时拔出佩剑呢？

关于荆轲失败的原因，我们从史书的记载中可以分析出一二。

准备不充分。据《史记》记载："久之，荆轲未有行意。秦将王翦破赵，虏赵王，尽收其地，进兵北略地，至燕南界。太子丹恐惧，乃请荆轲曰：'秦兵旦暮渡易水，则虽欲长侍足下，岂可得哉！'"荆轲在答应太子丹之后，并没有立即行动，毕竟刺秦不是那么容易的事情，需要想好谋划，充分准备才行。但是燕太子恐惧秦王的进攻，不断催促荆轲。另外，刺秦之事只有一人恐怕难以实现，荆轲自始至终准备的都是两个人的行动计划。"荆轲有所待，欲与俱；其人居远未来，而为治行，顷之，未发，太子迟之，疑其改悔，乃复请曰：'日已近矣，荆卿岂有意哉？丹请得先遣秦舞阳。'荆轲怒叱太子曰：'何太子之遣？往而不反者，竖子也。且提一匕首，入不测之强秦。仆所以留者，待吾客与俱。今太子迟之，请辞决矣。'遂发。"荆轲自己很清楚拿着兵器入不测之强秦，必须要小心谨慎，本来他是要等待高手一同前往的，可是燕太子唯恐荆轲反悔，就自己挑选了秦舞阳与荆轲同去，荆轲错在没有坚持自己的立场，随即出发，致使准备不足，枉送性命。

没有好的搭档。上面已经讲到，和秦舞阳同去本就是违背荆轲本意的。秦舞阳，虽然"年十三杀人，人不敢忤视"，可毕竟有勇无谋，心理素质极差。刚走到殿前的台阶就"色变惊恐"，这不仅引起了秦王的疑心，也增加了荆轲的心理负担，而且，司马迁对其在整个刺秦过程中的行动只字未提，这样一来，荆轲完全是只身作战，处境被动，使刺秦的成功率大大降低。

剑术不精。从刺秦的整个过程来看，荆轲的剑法并不高明。据《史记》记载，他应该至少有3次机会。第一次就是刚刚展开地图的时候，图穷匕见，离秦王那么近，秦王又毫无防备，本应是一个绝好的机会，要是高手，必会成功；第二次机会就是秦王"绕柱而走"的时候，群臣无一人佩有武器，有武器的士兵又不能私自进入大殿，仿佛"空门"的情况下，荆轲再次没有刺中，可见他的身手并不灵活；第三次是他被击倒后，投出匕首之时，匕首却只扎在了柱子上。

就像前面所说的，也许荆轲本来的计划是自己展开地图，口若悬河，分散秦王的注意力，力求控制整个局面，而由他的搭档——一位剑客高手完成刺秦的任务，但这是后人的一个猜想。

知不可为而不为，是智；知不可为而为之，是勇。荆轲刺秦虽未成功，但是他那视死如归的勇气，为国家挺身而出的豪气是永远值得我们记忆的。

△ 兵马俑出土的青铜剑

再来说说秦王的那把剑。据《史记》的描述我们可以看出秦王的那把剑的确有些特殊，怎么竟然没有一下子拔出来，还要背到后面才能出鞘，这究竟是怎么一回事？原来出土的战国铜剑长度多半在60厘米左右，几乎没有超过80厘米的，但是秦国的剑却多在80厘米以上，最长的有94.6厘米。将出土的秦剑图片与六国的剑图相比较，很明显，秦剑的茎部（手柄部分）长度也要比六国的长许多。据专家考证，剑增长了，相对而言剑的重量就会增加，单手挥剑刺杀可能会力不从心，但加长剑柄的长度便于双手握剑，利于增强砍杀力度。由此可以想见，秦王在如此慌乱的情况下，要想从胸前把一柄长达80多厘米的剑拔出鞘的确有些不易，他只能把剑转到背后，左手先将剑鞘向右肩方向送去，右手反过右肩握住剑柄向右斜上引，左手在背后握鞘向左下方拉，才能使剑出鞘。长剑拔出，格斗的优劣阵势马上变了，只挥了一剑，荆轲就被砍成重伤，由此足见此剑的威力。

这场生死相搏的格斗，从兵器上来讲，也是长兵刃和短兵刃的较量。短剑，利于近身攻击，只可惜荆轲与秦王之间还隔了一张王案，图只能放在王案上展开，所以当荆轲抓住匕首刺过去的时候，秦王有了起身的时机，荆轲也只能抓住秦王的衣袖，秦王却挣脱逃走了。而秦王的长剑，虽然拔出来有些困难，但是威力极大，当剑砍向荆轲时，荆轲急忙向后避让，躯干虽然避过了剑锋，但下肢却还在剑的杀伤范围之内，致使一剑之下功败垂成。这种青铜制造的罕见长剑也由于"荆轲刺秦"的故事成为了一个传奇。

我们的祖先是否和恐龙共存过

在侏罗纪和白垩纪时期，地球上随处可见凶猛残暴的两栖类爬行动物。这些庞然大物身披厚厚的"甲胄"，鳞片闪闪发光，爪牙锋利无比，甚至眼眶上都能长出犄角……它们开始了残酷的地球霸主争夺战。身长达到20余米的超级巨鳄，飞翔时双翼带着旋风的戈氏鸟，残忍狡诈的霸王龙……最后，恐龙家族凭借着身体上的优势，成了地球上的主宰。在这杀机四伏的岁月，可有人类的一席之地？

一、白垩纪时代的神秘影踪

考古学家在美国得克萨斯州的拉克西河河床中发现了一些恐龙的脚印，经过初步鉴定，这些脚印属于白垩纪时代。可是让考古学家们很不解的是，在恐龙脚印化石不远处，还残留着一些奇怪的脚印化石，39厘米至42厘米，只有后肢脚印，没有前肢的痕迹。脚趾之间没有蹼，非常清晰地分开，还能看见脚上的螺纹。这些奇怪的脚印和恐龙化石的脚印交错行走，甚至有一个脚印叠盖在一个三指恐龙脚印上。

科学家们小心翼翼地把化石切开，发现脚印下的截面有压缩的痕迹，这是仿制品无法做到的，可以排除后人恶作剧的可能。就在科学家们百思不得其解的时候，又有了惊奇的发现，在附近的同一岩层竟然发现了人形的手指化石和一柄人造铁锤，有一截手柄还紧紧留在铁锤的头上……这一切的一切，似乎暗示着一个惊天的秘密，人类曾经和恐龙共存过！

这似乎又不可能，按照进化论的观点，在白垩纪时期，地球上的哺乳动物才处于原始的阶段，始祖马只有小猫大小，四蹄还没有进化出来，对于这样的"小兽"霸王龙根本不屑一顾，因为它的体型太过"纤弱"还不够塞牙缝。而一种被称为"巨颅兽"的哺乳动物，头颅只有12毫米。还有人类的祖先灵长类动物正和松鼠抢食物,在这样的时代,怎么会出现人类的脚印呢?

二、秘鲁石刻的玄机

无独有偶,一块珍藏在秘鲁国家博物馆的石头上,雕刻着一些令人难以置信的图案。在这些图案里,可以很清楚地看见人类和恐龙的"亲密接触":一个侏儒被一只恐龙追赶,他拔足狂奔,恐龙却紧跟其后,獠牙利爪,恶狠狠地扑向前去。

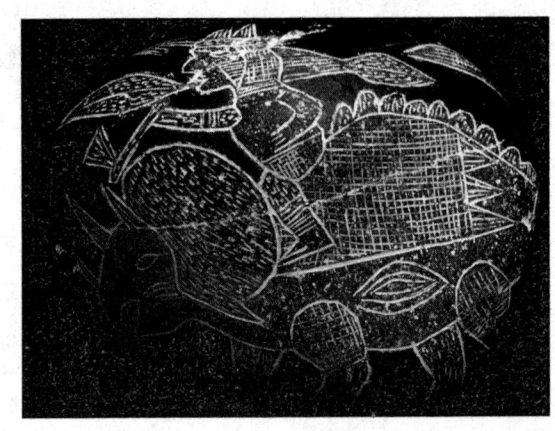

△ 秘鲁伊卡石刻上人与恐龙共存

经过科学家的考证,这些石刻并不是伪造的。但是没有人能够说清楚它们到底出自何时,是白垩纪人类的纪实写生,还是古代人的凭空想象,古代人没有发达的科学考古技术,他们是怎么想象复原出恐龙的样子的?

如果人类的祖先真的和恐龙共存过,那么他们又是怎么样"忍辱负重"生存在恐龙的夹缝里的呢?他们是不是和恐龙一起历经了那次小行星撞击地球的灭顶之灾呢?他们又是怎样逃过劫难,异军突起,成为了不可撼动的霸主?人类的进化过程有一段化石空白期,这段空白期是不是就是和恐龙共同生活的岁月呢?这些问题十分耐人寻味……

至今,人类的祖先是否和恐龙共存过还是个未解之谜,但是恐龙似乎并没有完全灭绝。一些科学家经过研究认为,和人类关系最亲密的鸟类就是由恐龙的一支进化而来的。也就是说,鸟类是恐龙的嫡系血亲,可是鸟类却没有像它们"祖先"那样风光无限……

 古罗马第一军团失踪之谜

公元前53年，古罗马"三巨头"之一克拉苏率领大军东征安息（今伊朗东北），在卡尔莱（今叙利亚的帕提亚）遭到安息军队的围歼，统帅克拉苏被俘斩首，一度所向无敌的罗马军团几乎全军覆没，只有克拉苏的长子普布利乌斯所率的第一军团6000余人拼死突围。33年后，罗马帝国与安息在经历了无数次大大小小的战争之后，终于化干戈为玉帛，签订了和约，双方开始相互遣返战争俘虏。当罗马帝国要求遣返在卡尔莱战争中被俘的官兵时，安息国当局否认其事。罗马人惊奇地发现，当年突围的古罗马第一军团6000余人神秘地失踪了。第一军团的消失成了罗马史上的一桩悬案，而这桩悬案千百年来一直困扰着中西方史学界。

甘肃省永昌县焦家庄乡楼庄子村六队的者来寨本是个不为人知的小村落，近年来却引起了国内外媒体的热切关注，这是为什么呢？原来，澳大利亚学者戴维·哈里斯提出，者来寨是古骊靬城遗址而骊靬城则是西汉安置古罗马战俘之城。一石激起千层浪，国内学者纷纷发表文章，积极参与这一问题的讨论。在众多学者中，西北民族学院历史系教授关意权是一个不能不提的人。

一、单于手下有支奇特的雇佣军

关意权在阅读中国史籍《汉书·陈汤传》时发现：公元前36年，西汉王朝的西域都护甘延寿和副校尉陈汤，率4万将士西征匈奴于郅支城（苏联的江布尔城）……征战途中，西汉将士注意到单于手下一支很奇特的雇佣军，他们以步兵百余人组成"夹门鱼鳞阵"，土城外设置"重木城"。而这种用圆形盾牌组成鱼鳞阵的进攻阵式，和在土城外修重木城的防御手段，正是当年罗马军队所独有的作战手段。

二、这支奇特的队伍就是已失踪的古罗马第一军团残部

关教授从史书上查到，郅支城之战，汉军大获全胜，斩首1518人，活捉145人，受降1000余人。甘延寿、陈汤等将这些战俘带回中国。

与此同时，西汉河西地区地图上突然出现了一个名为"骊靬"的县，同时还修建了骊靬城堡，这两大事件之间似乎有着某种关联。通过研究史籍，关教授注意到《后汉书》的一条记载："汉初设骊靬县，取国名为县。""骊靬"正是当时中国人对罗马的称谓。既然是"取国名为县"，那么，这个新出现的县肯定是为了安置罗马人而设置的。那么，骊靬古城具体坐落在哪里呢？这是一个很重要的问题，只有找到这座古城的遗址，才能更有说服力地向世人证明"古罗马失踪军团最终定居中国"这一论点。

三、关教授和他的合作者将追寻的目光停在甘肃永昌的者来寨

关教授发现这座古城时，这座古城已经只剩断壁残垣了。残存的城垣长不过30余米，高不足3米。

据当地人讲，者来寨的这个古城墙在20世纪70年代还有近1公里长，它的高度相当于三层楼，城墙上面很宽，就像长城一样可以走汽车。20世纪80年代以后，人们纷纷将城墙上的土取下来当做农肥或筑房用，结果城墙很快就被削去了一大半，到了20世纪90年代，它已所剩无几了——当地人在炸墙取土时还曾发现过近一小土车铜钱，可惜当成废品外卖了（也有人说是被小孩玩丢了）。

四、古城遗址发现汉代墓葬，墓主为汉代的欧洲人

在这座古城遗址还发掘出了一处前后两室的汉代墓葬，前室有4件完整的灰陶、陶灶和陶仓，后室遗体的头骨旁有一撮毛发，呈棕红色，遗体下面有一枚红色纽扣。

经考古论证，墓主为汉代的欧洲人。

在与者来寨邻近的杏树村，村民们曾挖出一根丈余长的粗大圆木，周体嵌有几根一尺多长的木杆，专家认为，这可能就是古罗马军队构筑"重木城"的器物。邻近的河滩村则出土了写有"招安"二字的椭圆形器物，专家认为，这可能是罗马降人军帽上的顶盖。

根据一件件出土文物，关教授及其合作者认定，甘肃永昌县的者来寨正是骊靬古城遗址，也正是罗马战俘的聚居地。

五、村民中很多人都有欧洲人的相貌特征

在考察者来寨的过程中，关教授发现，尽管这里的村民们讲汉语，族系也为汉族，但他们当中的很多人都有欧洲人的相貌特征：个子高大，蓝眼睛，眼窝深陷，头发呈棕色，汗毛较长，皮肤为深红色。他对此进行了专门统计，结果发现，者来寨共有400多口人，其中有欧洲相貌特征的有200多人。他发现，这些被外人称为"黄毛"的村民很少出外做事，他们总有一种自卑感，因此他们当中的一些人出外做事总要把头发染成黑色。

六、当地民俗具有古罗马遗风

当地人的葬俗也与众不同，他们在安葬死者时，不论地形如何，一律头朝西方。

关教授等认为，这正是面向古罗马的方向。他们还发现，当地人对牛十分崇尚，且十分喜好斗牛。

村民们在春节时都爱用发酵的面粉，做成牛头形馍馍，俗称"牛鼻子"，以作祭祀之用。

他们还习惯在村社和主要路口修牛公庙。放牧时，村民们特别喜欢把公牛赶到一起，想方设法让它们角斗，比如将牛群赶到屠宰过牛的地方，牛群嗅到血腥后会发狂地突奔吼叫，或拼死抵斗，俗称"疯牛扎杠杠"。研究者认为，这正是古罗马人斗牛的遗风。

关意权教授等人找到的种种证据无疑支持了他们的推论，即，在公元前53年的卡莱尔战争中神秘失踪的古罗马第一军团，在东移的过程中曾被匈奴收留，在后来的汉匈郅支城之战时又被汉军俘虏，最后由西汉政府安置在骊靬城定居了下来。

中外历史文化悬疑大揭秘

先知摩西之谜

希伯来人原居于两河流域上游亚述地区的哈兰草原地带，以游牧为主。4000多年前，由部落领袖亚伯拉罕率领南移进入迦南，即后来的巴勒斯坦，此后经常侵扰那里的农业部落和城市。后来为了避荒，亚伯拉罕之孙雅各率部向南渗入埃及尼罗河三角洲歌珊地区。

据《旧约·出埃及记》的记述，希伯来人在埃及居住了430年，饱受埃及法老的剥削和劳役之苦，为了摆脱苦役，希伯来人请求埃及法老准许他们返回原来的居住地迦南，但未获应允。法老此举激怒了上帝，上帝耶和华把十大灾变降临于埃及，

△ 米开朗基罗《摩西》雕像

这十大灾变包括：尼罗河及大小池塘之水化为血，杀死了水中之鱼，水因之腥臭；青蛙遍地；虱子密集丛生；蝇子成群繁殖；家畜因瘟疫死尽；人畜长疮生疖；冰雹毁尽了庄稼；蝗虫吃光了树木；大地整天暗无天日；初生的婴儿全部夭亡。

在十大灾变的严惩下，埃及法老被迫答应了希伯来人返乡的要求，这时希伯来人在摩西的率领下出发了，他们白天以"一柱云彩"为指引，夜晚以"一柱火光"为前导，希伯来人一路饥餐渴饮，日夜兼程而进。然而，埃及法老突然又改变了主意，随即派出大军，企图追回希伯来人。不久埃及追兵赶到，与希伯来人相遇在海边。当希伯来人正在思量如何渡过对岸之际，忽

然海水分作两边露出海底的陆地。于是，希伯来人得以走过对岸。可是当赶上来的埃及追兵正在陆续尾随希伯来人走过对岸之时，海水却又忽地直冲回来，把埃及军队葬身海底。后来希伯来人到了迦南以南的西奈半岛，摩西率领着数十万男女和大批牲畜在这里和约旦河以东的旷野中彷徨了好几十年，始终没有进入迦南地区。

关于他们在这期间的生活状况在《旧约·出埃及记》下半部及《利未记》、《民数记》、《申命记》中有所记述。

关于摩西率领希伯来人逃出埃及这一事件，学者们一直存有争论。有些学者认为《出埃及记》毫无历史根据，纯属虚构。他们说在埃及的史料中，找不到有关希伯来人到过埃及的明显记载，因此不会发生希伯来人出走埃及一事。所谓的出埃及，不过是说教性的神话，完全是后来希伯来神学家一手炮制的，其目的不过是为了宣扬上帝如何关怀他的"选民"而已！另有一些学者认为出埃及确有其事，因为《圣经》中有关的记载，来自民间的传说，而民间传说必然包含一些历史的影子，但这一派学者中间也有意见分歧，有的认为《圣经》关于出埃及的某些离奇情节，难以置信，至于出埃及的时间是在公元前15世纪，抑或在公元前13世纪，看法也不一致。

美国埃及学家汉斯·哥迪克认为，出埃及的时间不是通常所说的公元前13世纪。类似《出埃及记》记述的埃及追兵在海上意外溺水，历史上确有其事。哥迪克的这个说法，主要有三条根据：

第一，公元前15世纪时，埃及第十八王朝女法老哈特谢普苏特的象形文字铭文中，提到了一支埃及的外来移民，因"玩忽其被摊派的任务"，法老下令取消了他们享有的特权，在法老允许这些人离开埃及以后，"大地便吞没了他们的足迹"。哥迪克认为这段记述，就是出埃及事件埃及式的说法。不过在这里提到被海水淹没的是外来的移民，而不是埃及的军队。

第二，《旧约·列王纪》（上）第六章中提到，所罗门庙是出埃及480年后建造的，而此庙约建于公元前970年，据此推算，出埃及显然是发生于公元前15世纪。

第三，公元前15世纪爱琴海上桑托林岛上火山爆发，这次爆发很厉害，是一次十分惨重的自然灾害。哥迪克认为，《出埃及记》所记的埃及军队葬身于滚滚的怒涛之中，是洪水泛滥所致，而洪水泛滥又是由于桑托林岛上火山爆发时，海啸造成的，从而出现了巨浪吞没军队的"海上奇迹"！

一些地质学家也同意哥迪克的看法，断定这次火山爆发发生于公元前1520年至前1450年间，他们还指出火山爆发后，很多现象与所谓"十大灾变"极其相似，到处都是火山灰，火山口不断有铁质的氧化物倾泻出来，以致染红了海水，窒息了水中的鱼，水中的青蛙也会躲到岸上。火山灰遮天盖日，能使大地连续几天一片昏暗，并引起暴雨冰雹。疾风则会吹来蝗虫，吃尽田里的庄稼，使劫后的动物无以为食。腐烂的尸体，遍地的沼泽为害虫的滋生和病菌的蔓延提供了条件，因此瘟疫流行，人畜多有死亡，特别以幼婴为甚。除此以外，希伯来人出埃及时，白昼看到的那"一柱云彩"，夜晚见到的那"一柱火光"显然也是火山爆发时的情景。桑托林岛距埃及三角洲不到600英里，火山爆发，在三角洲完全可以看到。据此推论希伯来人可能是乘火山爆发造成的混乱局面逃离了埃及，而并非法老允许他们还乡，所以才发生埃及追兵的事情。

许多《圣经》学者不同意哥迪克的看法，认为他对哈特谢普苏特铭文解释太随心所欲了，原文中并没有"取消了外来人的特权"，"玩忽其摊派的任务"等内容，至于"大地吞没了他们的足迹"只能理解为他们不见了，如此而已！某些《圣经》学者，对旧约上许多数字的准确性，一直持保留态度，特别是说，从《出埃及记》到所罗门神庙的建造，中间隔着480年，这种说法言而无证。因此，他们不同意出埃及事件发生于公元前15世纪，并举出一些理由坚持认为，应是公元前13世纪。有的学者提出了折中的看法，认为出埃及的时间在公元前15世纪或13世纪都可能是正确的。看来希伯来人既不是同时到达埃及的，也不是同时逃出埃及的。大规模出逃埃及，至少应有两次，旧约中也提到希伯来人出走有两条极不相同的路线。

总之，摩西率领希伯来人逃出埃及一事，还是一个疑案，有待继续研究，弄清真相。

最古老的纸画——纸莎草纸画之谜

由于纸是中国的四大发明之一，所以很多人认为中国人是纸画的鼻祖。

其实，早在1898年，考古学家们就从开罗附近法老的墓葬品中，发现到绘制精美的纸画了。这些纸画距今至少有5000年，也就是50个世纪！遗憾的是，很多人对此一无所知。

古埃及人这种纸画所采用的纸，与中国东汉宦官蔡伦用树皮和麻布做原料来制造的纸完全不同，它是直接取自尼罗河三角洲生长的一种水草，名叫Papyrus，一译纸莎草，一译纸草。这种草生着修长的叶子，中间伸出一根根大拇指粗的很长很长的茎秆，最长达5米，顶端开花，状似灯芯草。古埃及人便用刀割下这茎秆，切成一段段，削去绿色的外皮，再将里边甘蔗般白色的茎芯切成极薄的片儿，浸泡在水中。6天之后取出来，用圆形木棍擀去茎片里的水分和糖分，以防生虫，然后把这些薄薄的茎片像编竹席那样编成一张张，放在重物下压平，便成了一种草制的纸，也称纸莎草纸，或草纸。

这种草纸光洁柔韧，富有弹性，纸面上有草茎的纤维经纬交织，非常美观，而且纸莎草纸经过编织与粘接，可以很大。在出土的纸莎草纸中，最长的竟有40米，它的使用价值也就很高。

自从古埃及人发明和创造了可以书写和绘画的纸莎草纸，致使他们的文化更加灿烂辉煌。他们的生活、事件、思想、宗教，得以记载下来。历史有了记录，文化有了积累，终于也有了珍贵的文献传之后世。

古埃及的象形文字和祭司体文字都必须由一种具有高度书写才能的书记官来完成，这些书写在纸莎草纸上的古代书法，还是美轮美奂的艺术品。同时，富于才华的古埃及人，又将他们画在石壁上、泥板上和陶片上的美丽的图画，搬到纸莎草纸上来，由此而诞生的纸画便成了古埃及艺术最富魅力的形式之一。

纸莎草纸天然是一种棕色，或深或浅，偏黄偏红，很像中国古画年深日久之后那种颜色，古雅又柔和。古埃及最早使用的书写墨水是黑色与红色。红色如同砖红，黑色相当于中国的墨色，用以勾勒形象轮廓。

古埃及的纸画以线描为主，力求勾画准确；线条中间平涂色彩，这些颜料都是使用动植物和矿物的原色，故而绚丽明朗，富于装饰意味，与早期中国工笔重彩十色酷似。还有，他们使用的笔也是用这种草茎削成的，茎垂直柔软，因此线条很少尖锐锋利，也缺少中国的毛笔那样丰富的变化与表情。然而，艺术总是在限定中创造自己，为此埃及的绘画才分外的简洁、凝重和古朴。

世界上一切民族的形成、存在和繁衍，都离不开水的恩泽。对于几乎整个被黄沙覆盖的埃及，尼罗河里流淌的全是圣水。蓝幽幽的波涛冲开茫茫沙海，并在它两岸催发出生命的绿意。它不仅给埃及人带来果腹的食粮和遮体的衣棉，还滋养出这种使埃及文明大放异彩的纸莎草。他们的纸和笔全来自这种奇妙的草啊！埃及人感激上苍的这一恩赐，纸画中便常常可以看到被他们奉若神明的纸莎草的形象与图案，连卢在索神庙巨大石柱的柱头，也雕刻着绽开的美丽的纸莎草花……

古埃及的文化在阿拉伯征服后渐渐消失，纸画也随之消亡。直到1798年拿破仑的军队入侵，古埃及的文明便被重新发现并由此惊动了欧洲。一百多年来，随着西方考古学家蜂拥到达埃及，发掘法老墓葬，纸画才得以重见天日。但此时它仅仅是珍奇的历史文物，古老的造纸技术却久已失传，世上无人知晓了。

幸亏近代有个名叫哈桑·拉加卡的埃及人。他在1956年5月中埃建交后曾任埃及驻华大使，并与周恩来等一辈领导人情谊笃深。拉加卡对古代的纸莎草纸有特殊兴趣。1968年退休后，潜心研究纸莎草纸制造技术，并终于找到了古人的方法，货真价实的纸莎草纸重新被仿制出来。他还将古埃及的绘画成功地再现在纸莎草纸上，阔别已久的纸画重获新生。如今在埃及已经可以买到这种绘制精美、风情别样的纸画了。

△ 埃及的纸莎草纸画

从公元之始，随着法老时代的结束，纸莎草纸的制造中断了2000年。这期间正是中国的造纸技术通过丝绸之路传到了西亚、近东和欧洲，其中也包括埃及。古埃及的造纸是把植物直接捶压成纸，古中国的造纸却是将树皮和麻布漂洗和粉碎，先制成纸浆，再造为纸。在原理上它们的相同之处是，都利用了植物的纤维；不同之处是，一个对原料直接利用，一个分解和再造。

应该说，古代人类的造纸有两个源头，分别是埃及和中国。由于古埃及历史中断，造纸技术一度失传，对人类文化的发展则失去影响；中国的历史却延绵不断，造纸技术传布世界。近代世界的造纸的原理便源于中国。

尽管古埃及的纸莎草纸非常原始，但它毕竟是人类最古老的纸。那么埃及人画在这种纸上的画，也应该被认为是最古老的纸画了吧！

武则天出身显赫吗

公元624年,伴随着一声嘹亮的啼哭之声,山西武家又诞生了一个女婴。当她尚在襁褓中时,精通相术的袁天罡为武家看相算命,当看到穿着男装的女婴时,大为震惊,说:"此君龙睛凤颈,贵人之极也!"又叹道:"若是女,当为天下主也。"这个襁褓中的女婴就是武则天,后来成为中国历史上唯一的女皇帝。关于她的身世,长期以来都笼罩着神秘的色彩,陈寅恪先生曾在《李唐武周先世事迹杂考》中指出武则天之父武士彟"其起家之始末皆不能详"。

根据武氏家谱,武则天的父亲武士彟是山西的一位木材商人。在武则天登基后令人撰写的《攀龙台碑》称,在隋文帝晚年,坐镇东方的汉王杨谅曾亲率门客登门造访,请颇具才能的武士彟来京城任官。在朝中,满朝文武百官对他都十分敬仰。据说在朝为官的武士彟颇受皇帝的赏识,所以当武德初年他妻儿先后病死时,"时帝(武则天之父武士彟)先缺中闱,高祖亲为求偶,谓帝曰:'隋纳言遂宁公杨达,才为英杰,地则膏腴,今有女贤明,可以辅德。'于是特降纶言,俾成姻对。高祖自为帝婚主"。为了表彰他"忠节有余,去年儿夭,今日妇亡,相去非远。未尝言及,遗身殉国,举无与比"(《攀龙台碑》),也就是说唐高祖亲自替武士彟为媒,把原隋朝宰相、遂宁公杨达的女儿杨氏嫁给他。而杨氏家族是出自弘农这样的名门大家,自东汉年间出了号称"关西孔子"的杨震后就名声大振,成为天下首屈一指的名门。杨家不仅世有达官,而且是杨隋皇室的亲戚,门第相当显赫,是关中士族中的高门。

显然,在《攀龙台碑》中,武则天被描述为出生在一个显赫的家族,身上流淌着隋杨皇室高贵的血统。

然而这样的说法却为很多学者和史学家所质疑，被认为是不足为凭的编造，目的主要是粉饰武则天出身寒门的事实，造成武则天拥有高贵出身的假象。

"初唐四杰"之一的骆宾王说，武则天的家世"地实微寒"。因为按照门第依父系论的风俗，武氏家族由于世无名人，而武士彟以经商为主，虽然后来位列开国功臣，官至三品，但是仍然只能算作庶族子弟，出身是比较低微的，这一点从正史的记载中也可以看出。唐太宗贞观年间修的《氏族志》中就没有把武氏列入望族，甚至连突厥人都拒绝了武则天的侄孙与可汗之女的婚事，称"我可汗当嫁天子儿，武氏小姓，门户不敌"，认为武姓的侄孙没有与可汗攀亲的资格。

关于武则天之母是隋杨皇室后人的说法，也未能得到确凿史料的佐证。虽然陈寅恪先生在《武氏与佛教》中指出武则天之母杨氏是"隋宗室观王雄弟始安侯达之女"，但《旧唐书·后妃传》并未提及，只是在《外戚传》中简单地说武士彟"又娶杨氏"。《新唐书》也只是在卷76《后妃上·则天顺圣皇后武氏传》中说其父武士彟"又娶杨氏"，只字未提"杨氏"的出身。

由此看来，武则天母亲为"隋宗室杨达之女"这样高贵的出身有伪造的痕迹。有人甚至认为武则天的母亲杨氏可能是出身寒微，甚至可能只是杨达家中的侍女、乐妓之类。因为在武则天当上皇帝后，杨达的儿子并没有得到相应的"舅舅"待遇。

在初唐盛行的极重士族的门阀之风中，武则天也知道自己出身寒微，并饱受流俗的轻视，"卑我诸武"，却又不甘被埋没，特别是在被立为皇后时，由于出身问题而遭受了反对派的攻击。于是在武则天被立为皇后之后，"后乃制《外戚诫》献诸朝，解释讥噪"（《循妃上·则天顺圣皇后武氏传》），即为了平息朝廷上下的讥讽和猜测，武则天不得不开始编造她的出身。

三星堆表明是犹太人建立了中国吗

三星堆遗址位于我国四川省广汉市南兴镇北，20世纪80年代前后在这里发现了大批以青铜器和玉石为主的文物，这些与中国商代并行的3000多年前的文物明显有"西方"特点，这些相貌奇特的人从哪里来，又到哪里去了呢？有人说：他们来自外星文明，并且又回到"故乡"去了。2004年，一个叫苏三的网络作者更是把这种观点发展到极致，在她刚出版的一本《三星堆文化大猜想》的书中，她提出这样的观点，三星堆主要属于犹太文明，并且认为是来到中国的以色列人主要构成了中国的夏、商、周，事实果真如此？记者专程采访了对三星堆有深入研究的北京大学考古文博学院副院长孙华教授。

一、和中原文化联系密切

关于三星堆遗址，历来说法不一，许多人认为三星堆文明绝非内生，它属于外来文明。苏三所持的也正是这样一个观点。她认为，三星堆文明来源是"西方"，具体而言，这个文明的创造者主体为红海沿岸古闪族人，以及沿途的伊朗人和印度人。他们来华的路线不是北方的丝绸之路，最有可能选取的是南丝绸海路。这个外来文明的独立特征逐渐衰亡恰好在中国文字出现前后，所以在中国现有的史料中看不到对于他们根源的准确记载也是合理的。

孙华认为，三星堆文明有它自己本身的传承，在三星堆以前，四川成都平原像三星堆一样的宝墩文化遗址有九座，三星堆只不过是其中之一。三星堆文化在其发展过程中确实加入了一些和以前文化不一样的新的东西。但从目前的情况来说，还看不出外来的痕迹。

从大型的青铜器和祭祀器皿来看，主要还是来自中原的夏商。用玉和用

△ 三星堆

金是中西文化之间的最大差异，三星堆出土的玉器远远比西方发现的要好。黄金器只是发现了极少的一部分，比如说，贴在脸上的金箔，另外一个是所谓的金杖，都是比较小的器物，像西方发现的比较发达的黄金器皿都没有发现。三星堆发现的文物主要仍偏重于玉石系统，它仍然属于中国的玉石文化圈。

我们认为，三星堆文化和中原文化的联系，远远大于其他任何文化的联系。它的来源主要有两个：一个是本土文化，即本地就有渊源（土著文化过渡过来的）；另一个是中原文化传入的，即长江流域，也包括东亚，它们之间的联系是始终的。

那么，三星堆有没有其他文化的东西呢？不能说一点也没有。比如说海贝，海贝来源于沿海，但它们到底是从西南直接传入，还是通过其他地区转送了一下（比如从长江中下游地区，就像中原的海贝一样）再传入，现在还不好说。

二、根据科学事实推断，说三星堆属于犹太文明有些草率

苏三认为，三星堆主要属于犹太文明，其中的几个重要证据是：在

△ 三星堆青铜纵目人

三星堆几个大型祭祀场所，都有摆放石子的习惯，这些石子相当于祖先牌位；另外，悬棺同样多出现在四川以及其他长江流域这一现象，世界上只有犹太民族既有悬棺葬俗同时又有石头崇拜的传统，而且从三星堆出土的青铜面具和黄金权杖推断，都有西方特点。

孙华认为，三星堆文化存在的时间应当在夏代后期至商代后期，在公元前1800年至前1200年之间，但我国发现的最早的悬棺不是在四川，而是在武夷山，这些悬棺被摆放在悬崖上的山洞里，也叫崖棺，从年代上判断是商代的。四川发现的悬棺年代最早的是战国时期的，其次是汉代的，主要分布在三峡地区，四川西南的悬棺是元明时期的。从地理位置来看，越往西年代越晚。在整个成都平原，除了三峡之外，还没有发现悬棺。

关于摆放石子的习惯和石头崇拜，孙华认为，羌族就有这一传统，但在三星堆却看不出摆放石子的习惯。石头崇拜在四川是比三星堆更晚的蜀人。文献记载，战国时代的蜀人有石子崇拜。整个三星堆遗址根本就看不出石头崇拜的痕迹，而且连一个石头建筑都没有看到，有的只是玉石崇拜，而玉石崇拜则明显来源于长江流域东边的三个玉石文化圈。

至于三星堆出土的青铜面具，有人认为他们不像蒙古人种，但他们也不像欧罗巴人种。这些面具鼻子过宽，眼睛奇大，脖子那么长，他们不像现在所属的任何人种。这本身就不是一种写实的手法表述的，有的可能只是一种艺术的夸张而已。

关于那根让许多人浮想联翩的金质权杖，孙华认为它是不是杖，现在也不能肯定。它出土的时候是环状的，而且就中国自身的传统来说，当时有权力的人也会拿着杖，所以根据有杖无杖去和西亚进行联系，那是比较牵强的。

三、说亚伯拉罕的妻子率子孙建立了中国的"夏后朝"毫无根据

苏三认为,来到中国的以色列人主要构成了中国的夏、商、周,这些朝代很可能与中东某国曾经保持着神秘的联系。这种关系的动摇出现在东周,中国人彻底摆脱中东的控制是在战国时期。其主要研究结论为:亚伯拉罕的妻子"夏、甲"带领子孙建立了中国的"夏后朝";以扫的妻子菊狄很可能就是中国商朝之母"简狄",并且他们最终到达了美洲;以色列之子"但"的子孙建立了中国"周朝"。

△ 三星堆太阳神树

孙华认为,以上的这些说法是一种完全不顾史学传统的瞎猜,这种只根据一个名称的相似就推断二者之间就一定存在联系的说法是毫无根据的。他指出,夏、商、周三个朝代的来源都不相同,说中西文化在东周之前就存在联系只是一种一相情愿的猜想而已。

夏起源于我国东部的本土地区,夏文化崛起明显是吸收了周围龙山时代好几个文化的成就。商起源于东方,而周则起源于西部陕西、甘肃一带。现在可以肯定的是,这三个文化根本不是同一支人。

在东周之前,从现在的考古发掘上来看,中西文化是隔绝的。中亚和西亚文化深深地影响中原地区恰恰是在东周时期。东周时期,由于北方草原民族的形成,由于北方民族的大迁徙,通过这些北方游牧民族作为中介,带来了中亚和西亚的一些技术和文化,技术方面像制蜡、冶铁术都是从东周时传入的。另外,文化方面,比如北方草原民族的一些装饰品、一些野兽纹的图案都在那时才开始出现。

《孙子兵法》走向世界之谜

在许多国外读者的眼里,诞生于2500多年前的中国古代典籍《孙子兵法》可谓是一部充满神奇色彩的著作。这不仅是因为书中蕴涵着丰富的东方智能,也是因为它走向世界的历程本身就有许多说不清楚的谜团。

"兵经"何日入东瀛?

《孙子兵法》在国外的流传,许多著述都认为以日本最早,朝鲜次之。因为这两个与中国相邻的国家在历史上与中国文化交流频繁。而日本奈良时代多次派遣学生到中国学习,无疑为《孙子兵法》的东传搭建了便捷的桥梁。据史书记载,在公元734年,也就是处于鼎盛时期的唐朝开元22年,在中国留学长达17年之久的日本学生吉备真备历尽艰辛回到自己的祖国。这位兼修文武的饱学之士,在离开繁华的唐朝都城时并没有携带什么丝绸珍宝,而是用唐朝廷赏赐给他的钱来买书,将大批记载中国兵学阵法知识的书籍捆载而归,回到故乡后传授给日本的文士武将们。但日本著名兵法史学者佐藤坚司却认为,说吉备真备将《孙子兵法》传入日本,时间过晚。按照他的推断,中国兵法传入日本是早在公元663年以前的事儿。这一年,来自朝鲜半岛百济国的几位兵法家到达日本,在那里领导修筑了几座城池,并因为精通中国兵法被授予荣誉勋位。佐藤推测很可能是这几位百济兵法家把中国兵法(当然包括《孙子兵法》)传入日本的。他的证据是,在57年之后成书的《日本书纪》中,出现了"倏忽之闻,出其不意,则破之必也"这样的话,这与《孙子兵法·计》篇的"出其不意"以及《虚实》篇的"趋其所不意",在文字和意思上是相同的。之所以出现这样的巧合,是因为该书的编纂者舍人亲王、太安麻吕已熟知《孙子兵法》上的话,所以用这些话来描述神武天王时代的战法。佐藤的推断将《孙子兵法》传入日本的时间向前推了

70多年，而且可能由此改写该书传入日本的路径，即：《孙子兵法》不是借扁舟孤帆之力，从中国大陆经海路直达日本，而是先传入高句丽、新罗、百济三国鼎立时代的朝鲜半岛，然后才由百济兵法家们传入日本的。

其实，不管《孙子兵法》是由谁传入日本的，大家一致公认吉备真备和百济兵法家们在历史上都为中日兵学的交流作出了贡献，特别是吉备真备在日本开创了注释、研究《孙子兵法》的传统，也使得同样具有东方文化背景的日本兵法学界在弘扬《孙子》精义方面作出了巨大的努力。公元10世纪，当年亲耳聆听吉备授课的老师宿弥关成的后世子孙大江匡房对朝廷秘藏的《孙子兵法》加以整理，其后历代兵家将帅都有人对它情有独钟。著名武将武田信玄平时就很尊敬孙武这位无法见面的老师，他的案头总是放着一部《孙子兵法》，他的军旗上则绣着"风、林、火、山"4个大字，象征着《孙子兵法》中"其疾如风，其徐如林，侵掠如火，不动如山"的用兵境界。兵法家北条氏长、山鹿素行、荻生徂徕、占田松阴等人，也都有颇具独特见解的研究著作问世。据统计，从16世纪以来，日本的各种《孙子兵法》注本不下一百六七十种。在世界文化交流史上，对别国的兵法著作有如此长时间的研究热情，投入如此巨大的精力，这也是绝无仅有的现象。

拿破仑、克劳塞维茨读过《孙子兵法》吗？

把《孙子兵法》引向欧洲的第一人是法国天主教耶稣会传教士约瑟夫·J·阿米欧，提起这个名字，清朝乾隆年间北京的官吏文人恐怕大都觉得茫然，但要说起他的中文名字——钱德明（别名钱遵道），知道的人还真不少。原来，这位1718年出生于法国土伦的耶稣会士，1750年奉派来华，第二年就被打算结交几个西洋朋友的皇帝召进京城，此后一直受到清朝的礼遇。而这个钱德明在东方古都北京一住就是43年，这期间除了传教以外，把主要的精力都用在研究中国文化上面。他学会了满文、汉文，把中国的历史、语言、儒学、音乐、医药等各方面的知识介绍到法国，引起法国乃至欧洲文化界的广泛关注。其中最有价值的翻译工作是受法国国王路易十五时代的大臣M·贝尔东的委托，翻译的6部中国古代兵书。钱德明靠着自己在满汉语文上的深厚功底，根据一部《武经七书》的满文手抄本，并对照汉文兵书开始了翻译工作。1772年，巴黎的迪多出版社出版了这套名为《中国军事艺术》的兵学丛书，其中第二部就是《孙子兵法》。这部书的法译本一问世，就引起法国公众的重视，《法国精神》等文学刊物纷纷发表评论，有的评论者甚至说，他在《孙子兵法》里看到了西方名将和军事著作家色诺芬、波利比尤斯和萨克斯笔下所表现的"那一伟大艺术的全部真理"，建议将这一"杰作"作为"那些有志于统领我国军队的人和普通军官的教材"。

有趣的是有人称叱咤欧洲的法国名将拿破仑也读过《孙子兵法》。从拿破仑个人的身世看，他于1779年进入位于香槟的布列纳军校攻读炮兵专业，1784年进入巴黎皇家军事学校深造，次年毕业。而18世纪80年代的头几年，恰好《孙子兵法》法文译本多次被刊物刊登，引起公众的瞩目。在拿破仑入巴黎军校深造的前2年，尼昂出版公司经法国国王特许，将《孙子兵法》作为一套有关中国的丛书的第7卷再次出版了。照常理推断，求学期间酷爱读书，曾大量阅读过世界各国军事、历史和法律书籍的拿破仑受当时巴黎社会上一度盛行的"孙子热"的影响，浏览过《孙子兵法》并不是不可能的。

至于说西方兵学泰斗克劳塞维茨也读过《孙子兵法》，则纯属是今天学者们的揣测。一些学者认为，克氏以副官的身份，随普鲁士奥古斯特亲王参加对法作战，战败被俘。羁旅法国期间，他抓紧时间阅读了大量军事著作。而当时《孙子兵法》在法国已出版了35年之久，他看过该书或听人说起过该书的思想观点恐怕不是什么难事。从《战争论》的某些观点看，这种揣测也不能全说是虚妄之谈。《战争论》的第一篇第一章中，直言批评说：有些仁慈的人可能很容易认为，一定会有一种巧妙的方法，不必造成太大的伤亡就能解除敌人的武装或者打垮敌人，并且认为这是军事艺术发展的真正方向。这种看法不管多么巧妙，却是一种必须消除的思想。在这里，克氏的批评简直像是针对孙子的"不战而屈人之兵"、"全胜论"而来的，这仅仅是一种巧合，还是克氏确实对孙子兵法有或多或少的了解，并从他"最大限度地使用暴力"的核心观点出发，表明他完全不同的思想态度呢？

玛雅人的数学发明之谜

玛雅人有一个独特的数学体系，在这个体系中最先进的便是"0"这个符号的使用。

玛雅数字中的"0"不仅在世界各古代文明中的数字写法中独具一格，而且从时间上看，它的发明与使用比亚非古文明中最先使用"0"这个符号的印度数字还要早一些，比欧洲人大约早了800年，因而使向来以学识之先进而自豪的西方人大为震惊。有了"0"这个概念的引进，人们不再只停留于计算多少，还开始计算有无。数字思维也不再是单向的无限制累加，而是一个可以将不同进位抽象出来，统一于"0"的形式存在。可以不夸张地说，"0"为人类把玩数字、操作数量，打开了一个崭新的天地。

△ 玛雅数学

由于用了"0"这个符号，玛雅的20进位制的数字写法就很合乎科学要求了。玛雅人用两种方法书写数字，一种是用20个头像来表示0到19；另一种是用横条加圆点的办法，一个圆点代表1，一个横条代表5，贝壳形象符号表示0等。这些数字可以横写，也可以竖写。

把0放在1之前，是玛雅数学的独创，它不仅使进位写法更为方便，更为科学，而且对于长纪年历的五级计算也非常有利。因此，玛雅的数字写法也是分级进位的,通常写的是20进位制的4个级,即以1为起点的第一级,以20为单元的第二级,以400为单元的第三级和以8000为单元的第四级。第一级的写法和现在用的10进位制无大区别,但第二级以上各级就大不相同了。第二级一个"·"即1个20,数目是20,两点"··"就变成2×20,数目就是40,它的19就是19×20=380。同样地,在第三级中1是400,2就是800,如此类推。这种按级计算的数字,写时必须将各级都分清楚,然后合起来算出总数。级数通常是由下往上写,该级无数就写成0。这种进位制的计算方式也适宜于其他的进位制,甚至各级中若用别的进位也不碍于运算。

玛雅人在数学方面的造诣之高深,使他们能在许多科学和技术活动中解决各种难题。但非常可惜,有关玛雅数学的图或文献一本也没有流传下来。这些失落了的数学与科学文献,是失落了的玛雅文明最为幽深的一角,好在我们可以通过考古学上的发现一窥玛雅人非凡的数学成就。

借助数学上的深刻认识,玛雅人在分数概念的情况下,精确地计算出太阳历一年的时间,其精确度比我们现在所通用的格雷戈里历法还要精确。他们通过对金星轨道的观察和计算,计算出金星公转周期为583.92日。按照他们的办法推算,一千年仅有一天的误差。

古代社会中,天文、历法、农事,三者总是密不可分的,而它们的基础又都在计算。玛雅人在数学上的智慧,使他们在天文知识、历法系统、农事安排上都表现出一种复杂高妙而又井然有序的从容自信。多种历法并用,每个日子都有四种命名数字,却丝毫不乱。没有任何特殊仪器,仅靠观星资料,每年准确定出分至日,以及各种重要会合日的出现。充分掌握天气变化规律,准确计算出雨季、旱季的始终,为农业生产提供最重要的保障。

玛雅数学的成就当然还表现在他们超群的建筑成就上,众多巨型建筑和建筑群落的定位、设计,牵涉了太多的数学问题。

在古代玛雅社会,掌握数学的是祭司,他们存在的首要职责就是当好人与神之间的桥梁。他们要告诉人们哪一天羽蛇神降临,给大地带来雨季;哪一天可以开始烧林,可以得到风神保佑的许诺;哪一天战神来临,将带来战事,甚至死亡。他们是玛雅世界的权威人士,他们说哪位神动怒了需要人

△ 玛雅金字塔

祭，国人就只好照办。据说，玛雅祭司在西班牙入侵者到来之前就曾预见到这一事件，并且从神谕中得知，这些远道而来的人将成为玛雅人的新王。总之，玛雅人心目中的祭司是神游古今、通晓天地之理的人物，凡事都要求教于他们。

那么，作为祭司本身，他们的首要任务就是要尽可能使自己当得起这种重任。玛雅的天文学知识完全建立在祭司们日复一日、年复一年的不间断观察之上，他们的数字记录系统很好地反映了这种纪年传统。玛雅人将一年划分成18个月，每月20天，每年有5个祭日，总和为365天。有意思的是，他们的数字进位也是分别采用二十进位和十八进位，这就很可能是起始于逐日记录天象观察的实用性需要。也正是这种实用性需要，推动玛雅数学的发展，更进一步促进了历法、农事的发达。

 曹雪芹是《红楼梦》的作者吗

从20世纪到现在,"《红楼梦》的作者究竟是谁"的问题一直都是学术界争论的焦点之一。主要的观点分为两种:

一说,曹雪芹是《红楼梦》前80回的作者,高鹗是后40回的作者。从清朝的学者至近代的鲁迅和胡适等都认为《红楼梦》是生活于18世纪的曹雪芹以曹家任江宁织造时期的繁华生活为创作原型写的。可以说这是目前影响最为广泛的一种学说。

早期《红楼梦》抄本中的大量脂批可以作为曹雪芹是《红楼梦》作者的最直接和最有力的证据,因为脂批中透露出写批者与曹雪芹及其家族关系紧密,也熟知甚至部分地参与了《红楼梦》的创作。如甲戌本第一回有批语:"若云雪芹披阅增删,然则开卷至此这一篇楔子又系谁撰?足见作者之笔狡猾之甚。"脂批还多次说《红楼梦》的故事很多取材于曹家史实,也可作为旁证。

清代诗人明义在《题红楼梦》诗序中说:"曹子雪芹出所撰《红楼梦》一部,备记风月繁华之盛,盖其先人为江宁织府。其所谓大观园者即今随园故址。惜其书未传,世鲜知者,余见其抄本焉。"另一位清代宗室诗人永忠《咏红楼梦》诗题:"因墨香得观《红楼梦》小说,吊雪芹三绝句(姓曹)。"这大概可以算是除《红楼梦》本身和脂批之外,最早指出曹雪芹是《红楼梦》作者的记载。明义和永忠都是曹雪芹同时代之人,虽然没有证据表明他们认识曹雪芹,但他们与曹雪芹的朋友敦诚、敦敏兄弟有密切往来,因此他们的说法被认为是具有很高的可靠性的。

敦诚在"劝君莫弹食客铗,劝君莫扣富儿门。残杯冷炙有德色,不如著书黄叶村"的诗句中,为世人描绘出曹雪芹"不如著书黄叶村"的形象。根据这首诗，曹雪芹是在北京的西郊某一个山村里面写《红楼梦》的，结果还没等写完，就忽然去世了。而另有传说，曹雪芹在有生之年已将《红楼梦》写完并广为传阅，后40回的手稿就是在传阅时丢失的。

对于《红楼梦》后40回的作者高鹗，由于资料缺乏，他在人们的视野中只是个面目模糊的身影。高鹗，字兰墅，别号红楼外史。他约生于公元1738年，约死于公元1815年。高鹗续写的后40回与曹雪芹创作的前80回相比，在思想艺术水平上有很大的差距，而且由于其被认为是肆意删改曹

△ 曹雪芹

雪芹的原著而处于被传统红学家批判的境地。其实，客观地讲，高鹗基本完成了贾宝玉和林黛玉的爱情悲剧，从而赋予了《红楼梦》一个完整的形态，有利于它在世间的传播。虽然有人认为后40回中有曹雪芹的残稿成分，但是清代著名诗人、高鹗的妻舅张问陶在《赠高兰墅同年》一诗的自注中说"传奇《红楼梦》八十回以后俱兰墅所补"。这为高鹗的作者身份提供了有利的佐证。

关于《红楼梦》的成书，民间还流传着曹雪芹"三年遂成此书"的传奇故事，这个故事来源于常州学派的大儒宋翔凤。宋翔凤一生历经乾、嘉、道三朝，见闻丰富。有一次在和客人交谈时，就《红楼梦》这个主题，宋翔凤讲了一段在北京听到的故事。在宋翔凤的讲述中，曹雪芹被描绘成了一个性格放浪也就是具有不拘常理的魏晋遗风的人，例如他"身杂优伶"，即和唱戏的人在一起混。在等级制度较为森严的清朝，曹雪芹这些超乎常规的行为自然引起了父辈的担心，因为他们的家世已经经不起任何的政治风波了。于是在无奈之下，他们将曹雪芹锁在了一个空房里圈禁起来了，这是八旗人惩

治自家子弟的办法之一。在这3年中，为了打发无边的寂寞和空虚，曹雪芹开始在空房里写小说，3年《红楼梦》乃成。当然这只是一个带有传奇色彩的流言而已。

关于《红楼梦》的作者，还有一说，即作者另有其人。这种说法主要依据《红楼梦》中提到，此书经"曹雪芹于悼红轩中披阅十载，增删五次，纂成目录，分出章回"。但是由于缺乏有力的实物作为证据，这种学说只能算作是一种学术界的争鸣而存在。其中有人认为《红楼梦》是曹雪芹的父亲曹頫所写。如学者陈林从时间和空间两个方面论证了《红楼梦》的真正作者是曹頫。第一是根据《红楼梦》中隐含的年代序列；第二根据小说《红楼梦》中关于荣国府和大观园中一些建筑位置的描写，特别是对荣禧堂位置的表述，从中可以推测出"荣禧堂就是省亲别墅"，继而推断出小说的真正作者是曹頫。而至于为何曹頫没有出面表明自己是作者的身份，陈林认为，这主要是因为曹頫当时的身份是"钦犯"。曹雪芹参与了《红楼梦》的整理、增删，并撰写了书中的诗词，所以后人误以为曹雪芹是作者。

另有学者认为《红楼梦》的作者是明末文人洪升。洪升是中国明末清初著名的戏曲家，曾创作过描述唐明皇与杨贵妃爱情故事的传奇剧本《长生殿》。

红学界索隐派有学者认为，曹雪芹虽在清代乾隆年间写成《红楼梦》，但小说的历史背景可以还原为17世纪的明清交替时期；《红楼梦》中的地理背景可以还原为"花柳繁华"的杭州；《红楼梦》中人物的生活原型可以还原为"百年望族"洪家，以及创办了当时名动天下的女子诗社的"蕉园姐妹"。研究表明，洪升与曹寅有过交往，曹雪芹13岁前居住在南方。明代社会比较开放，有《红楼梦》书中的盛况。根据《航州史志》记载，洪园，是洪升祖先洪钟的后花园，据学者通过实地考证，它被认为是《红楼梦》中怡红院的原型，西溪山庄是潇湘馆的原型，花坞则是蘅芜院的原型。洪升本人出生在兵荒马乱的时代，家庭生活屡遭变故，所以他通过《红楼梦》发泄了亡国之痛。

郑和船队在海上吃什么

郑和率领庞大船队七下西洋，每次航行长达二到三年，人数多达二万七八千人，如此庞大的队伍在漫长的海上航行中会不会挨饿？途经国家和地区的各种食物他们是否有福消受？为什么郑和的船队不曾面对哥伦布、麦哲伦船队曾有的败血症的威胁？也许这些问题都曾在你的脑海中盘旋。

曾随郑和远航的巩珍在《西洋番国志》所附的教书中，对郑和船队出洋饮食之准备有如下之记载："下西洋去的内官合用盐、酱、茶、酒、油、烛等件，照人数依例关支。——永乐十九年十月十六日。"然而，如此记述对长程航行的饮食并未绘出全貌，按说盐、酱、油是烹调作料，用以增加食物风味，茶、酒是嗜好性饮料，均非果腹的粮食，达不到营养所需，因此，料想尚应备有其他食物。详细考证史料发现，原来郑和远航前食物是经过精心准备的。

一、牲畜家禽船上养，蔬菜生姜船上种，大量淡水船上储

郑和船队行经之地多在热带，即使在冬季腊月，温度也多高于20摄氏度，为持续预防食物腐败变质，载运上船的食物除可趁新鲜食用者外，大多必须是经得起存放。

明初之时食品加工方法，已能处理保鲜期短暂的食物，例如将肉类、水产、蔬菜以盐、酱、醋、酒糟腌制，或烟熏、晒干；将水果曝晒制成果脯，或以蜜、糖渍，或用火焙。因此携带上船的食物，除了盐、酱、茶、酒及饮用水之外，应当包括不易变质的米麦等谷物、豆类，还有加工处理过的果菜、肉类、水产以及醋、蜜、糖等调料。

郑和船队出海之后，除了库存食物，水产类可就地捕钓，并在船舱中以活水养殖；家禽类可在船上畜养；蔬菜亦可在船上栽种，按14世纪上半世纪

北非丹吉尔旅行家伊本·白图泰在《游记》中描写当时往来印度洋的中国船只，其船员常在木盆中栽种蔬菜、生姜，提供日常食材。然而船上的产量毕竟有限，大量的新鲜蔬果、肉类及饮用水，势必待上岸时补给，尤其是不可或缺的淡水，正如巩珍在《西洋番国志》的自序中所述："缺其食饮，则劳困弗胜，况海水卤咸，不可入口，皆于附近川泽及滨海港湾，汲汲淡水。水船载运，积贮仓粮舟者，以备用度，斯乃至急之务，不可暂弛。"

二、鸡和羊肉常吃，偶尔用鹿、兔、骆驼肉来打牙祭

马欢随郑和船队下西洋，将行旅见闻记录成书，于1416年完成《瀛涯胜览》，记录了郑和船队途经中南半岛（占城、暹罗），马来半岛（满剌加），爪哇岛，苏门答腊岛（苏门答腊、旧港、哑鲁、那孤儿王、黎代、南淳里），锡兰岛（锡兰），印度半岛（小葛兰、柯枝、古里、榜葛剌），马尔代夫群岛（溜山），及阿拉伯半岛（祖法儿、阿丹、天方、忽鲁谟斯）等20个地点的地理、气候、宗教、习俗及物产等。从中我们发现郑和船队"很有口福"，一一品尝不同国度的各类食物。

郑和船队的主食粮食以米麦为主，可用以做粥、饭的豆类、黍、稷、粟等次之。

米谷在郑和远航所经之地多有生产，如中南半岛、爪哇岛、苏门答腊岛及印度半岛等地，但这些热带地区却"无大小二麦"。阿拉伯半岛兼产米麦，古里、忽鲁谟斯虽有麦贩售，然并非该地出产。船队所经之地，部分地区米麦全无。如：满剌加田瘦谷薄，以沙孤米（西谷米）做饭；溜山是海中的珊瑚礁群岛，土地更贫瘠，灌溉困难，居民不识米谷。到达以上地区船员可能不免口腹受苦。

船队的动物性蛋白质的来源，主要包括畜肉、禽肉、水产及奶酪等食品。马欢记述的地区都位于海岸线上，或在沿海顺流而上的河岸边，居民通常以渔为业。中国人摄取的肉类一般以猪、鸡为主，而回教徒忌吃猪肉，崇信佛教者（锡兰、小葛兰、柯枝、古里）尊敬象、牛，忌吃牛肉。郑和船队所到之地，除中南半岛、印度半岛、锡兰等地，多信奉回教，故食用禽畜肉类，舍猪、牛，而就鸡、羊。猪的记录只见于占城、那孤儿王、榜葛剌，以

△ 郑和船队

及中国人聚居的爪哇、旧港，比较特别的是古里还有鹿、兔，祖法儿有骆驼肉。乳类及奶酪较不普及，只见于苏门答腊、锡兰及古里。

三、蔬菜、水果种类繁多

马欢有关食物的记述中，以蔬果种类最为繁多。依类别归纳有三大类，包括：瓜类（冬瓜、黄瓜、菜瓜、小瓜、葫芦）、茄子、萝卜、胡萝卜等食品，这些都是耐存放的菜蔬，推估是带上船的主要菜色；另一类为葱、姜、蒜、胡荽、韭、薤等辛香菜类，是用于调味或烹调用作料。

至于中国饮食中重要的叶菜类，在中南半岛等四季草木常青之地，应该生产有各样品种，但《瀛涯胜览》中为什么却只提到芥菜一种而已？颇饶人趣味，或由于芥菜的生产以长江流域及南方各省较多，是会稽人士马欢所熟悉，不仅可供新鲜食用，且可腌制成酸菜、雪里红、梅干菜等，其他叶菜类未尽可供加工之用。

水果类在爪哇、马来半岛及印度半岛等地区主要为椰子、芭蕉、甘蔗、西瓜等，还有一些是热带特产的水果，如：莽吉柿（山竹）、郎圾（冷塞果）、赌尔乌（榴梿）、菠萝蜜及酸子（杧果）。马欢对这些温带地区陌生的水果作了翔实逼真的描述，色香味历历如现，这些水果至今仍盛产食用，他并且注意到在这些地区"无桃李"的现象。

在干旱沙漠型气候的阿拉伯半岛，生产的是另一类水果，主要有石榴、花红（苹果）、西瓜、甜瓜以及晒干而成的万年枣（椰枣）与葡萄干等。马欢所称的"果"尚不只水果，还包括种子、坚果类的松子、把聃（杏仁）、核桃等，这些都出产在阿拉伯半岛，可提供蛋白质与脂肪，其营养价值异于水果提供维他命C及纤维质的功能。

沿途所见嗜好品为槟榔及酒类。在暹罗、满剌加、榜葛剌、古里、锡兰与溜山等地，酒类的生产原料为茭葶、椰子与米，而在阿拉伯半岛由于回教地区禁酒，故并无此类产品。调味品方面，忽鲁谟斯盛产岩盐，锡兰、古里以椰制糖，沿途均未曾提及醋及茶。

四、汇集"东洋"、"西洋"各种风味

郑和船队人丁众多，督导饮食制备、调度食勤庶务人力、靠岸时补给采购以及食品保鲜贮存等工作，皆需庞大的管理作业；而粮食供应以维持数万船员健康的体魄，方得完成七次长程远航的壮举，更是一项艰巨的挑战任务。

郑和远航所经之地食粮大多是当地土产，而苏门答腊、印度半岛西南的古里、柯枝，及波斯湾口的忽鲁谟斯等，为东西交通要道的商港，贸易繁盛，有外来的商品，增加了食物的多样性。

由于各地食物的生产与栽种受到气候、土壤、地势等自然栽种条件，以及宗教、习俗、贸易、经济等环境因素的影响，而郑和船队参酌原有饮食习惯，对食物进行选择、取舍。就整体而言，远航沿途提供了船队一些原本熟悉的食物，也加入"东洋"及"西洋"的异国风味，饮食的交会是可预期的。

 # 阮玲玉遗书之谜

阮玲玉是中国早期电影的代表人物之一，正当其事业鼎盛之际，却陷入感情的绯闻之中，饱受黄色小报的围剿，最终自尽而死。阮玲玉死时留下遗书两封，后来发表在《联华画报》上，但这两封遗书的真实性一直有人怀疑，因为它将与阮玲玉同居的唐季珊的责任推脱得一干二净，而且在遗书中，阮玲玉还对专以玩弄女性为乐事的唐季珊表现得一往情深。然而令人遗憾的是，这些怀疑始终没有确凿的证据。

△ 阮玲玉

第一封遗书矛头主要对着张达民：

我现在一死，人们一定以为我是畏罪，因为我对于张达民，没有一样有对不住他的地方，别的故且勿论，就拿我和他临别脱离同居的时候，还每月给他100元，这不是空口说的话，是有凭据和收条的。可是他恩将仇报，以怨报德，更加以外界不明，还以为我对不住他。唉！哪有法子想呢，想想又想，唯有以一死了之吧！唉！我一死何足惜，不过还是怕人言可畏，人言可畏罢了。

阮玲玉绝笔。二十四年，三月七日晚午夜。

写到这里，阮玲玉似乎意犹未尽，又续道：

我不死，不能明我冤。我现死了，总可以如他心愿。你虽不杀伯仁，伯仁因你而死。张达民我看你怎样逃过这个舆论，你现在总可以不能再诬害唐季珊，因为你已害死我了啊！

张达民是阮玲玉前同居者，当时已经解除了同居关系，但张达民仍继续纠缠不休，一方面制造桃色新闻，一方面向上海特二区地方法院捏造事实，以"妨害家庭罪"及"通奸罪"控告阮玲玉及其同居者唐季珊。

第二封遗书则是写给唐季珊的，此人是一位玩弄女性的好手，用田汉的话说，是个类似于西门庆式的人物。唐与阮玲玉也是同居关系，是一位富有的茶叶商。

季珊：我真做梦也想不到这样快就会和你死别，但是不要悲哀，因为天下无不散的筵席，请你千万节哀为要。我很对你不住，令你为我受罪。现在他虽这样百般诬害你我，但终有水落石出的一日，天网恢恢，疏而不漏，我看他又怎样活着呢。

鸟之将死，其鸣也悲；人之将死，其言也善。我死而有灵，将永远保佑你的，请你拿我的余资，来养活我的母亲和囡囡，如有不够的话，请你费力吧，而且刻刻提防，免她老人家步我之后尘，那是我所指望你的，你如真的爱我，那就千万不要负我之所望才好。好了，有缘来生再会，还有公司欠我的薪水，请向之收回，拿来供养姆妈和囡囡，共2050元。至要至要。还有一封信，如果知我自杀，即登报发表，如不知，请即不宣为要。

阮玲玉绝笔。
二十四年，三月七日晚午夜。

阮玲玉遗书发表后，引起了社会的轰动，尤其"人言可畏"之语，成了死者对黑暗环境的控诉，鲁迅先生也不顾病魔缠身，以"赵令仪"的名义发表了《论"人言可畏"》一文，对黑暗社会司法制度及小市民的无聊心态作了讽刺和鞭挞。阮玲玉的遗书也因此名声愈噪，天下皆知。

其实，这两封遗书的真伪一直受到人们的怀疑，因为它是在外界的压力下，由唐季珊提供的，遗书一方面对张达民痛加谴责，一方面却以阮玲玉的口气对唐季珊表示百般留恋和歉意，这很不符合阮玲玉当时与唐季珊的感情状态。而且，如果仅是张达民的纠缠，如果有唐季珊的关怀，阮玲玉也不至于以死来解脱。

然而以上的怀疑却没有有力的佐证。直至1993年3月，暨南大学教授连文光撰写的《中外电影史话》一书，开始对这个问题有突破性的研究，他对阮玲玉遗书的真伪进行了考证："其实此间作伪之行径，早已揭露出来，见诸于报端。在阮玲玉去世的同年4月26日《思明商学报》上，登载了一篇题为《真相大白唐季珊伪造遗书》一文。文中揭露，阮玲玉自杀当晚，确写遗书两封，但不是唐季珊拿出来的两封。发表在《联华画报》上的两封遗书，是唐季珊指使梁赛珍的妹妹梁赛珊写的。梁赛珊后为良心谴责，说出真情，并将原遗书交出。原遗书极短，文字不甚流畅，而且涂改多处。"

新发现的阮玲玉遗书如下：

（其一）达民：我已被你迫死了，哪个人肯相信呢？你不想想我和你分离后，每月又津贴你100元吗？你真无良心，现在我死了，你大概心满意足啊！人们一定以为我畏罪，其实我何罪可畏，我不过很悔悟不应该做你们两人的争夺品，但是太迟了！不必哭啊！我不会活了！也不用悔改，因为事情已经到了这种地步。

（其二）季珊：没有你迷恋"××"（按：指歌舞明星梁赛珍），没有你那晚打我，今晚又打我，我大约不会这样做吧！我死之后，将来一定会有人说你是玩弄女性的恶魔，更加要说我是没有灵魂的女性，但，那时，我不在人世了，你自己去受吧！

过去的织云（按：张织云，唐季珊玩弄过的女影星），今日的我，明日是谁，我想你自己知道了就是。

我死了，我并不敢恨你，希望你好好待妈妈和小囡囡。还有联华（阮玲玉就职的电影公司）欠我的人工2050元，请做抚养她们的费用，还请你细心照看她们，因为她们唯有你可以依靠了！没有我，你可以做你喜欢的事了，我很快乐。

玲玉绝笔。

然而连教授的研究没有引起人们的注意，直至2001年，上海老作家沈寂也宣称发现了阮玲玉的真实遗书，并撰写了《真实遗书揭开阮玲玉死亡真相》。可惜的是，沈寂所出示的资料来源与连文光教授来自同一处，因此有人称这只是"旧闻变新闻"，并没有什么新发现。客观而论，沈寂的文章对研究阮玲玉遗书之谜还是有用处的。比如说，这两封遗书虽然发表在不为人知的内部刊物上，但还是有人看过的，为什么当时没引起重视？因为圈内人都以为，唐季珊对阮玲玉一向体贴有加，不会施以暴力，因此这封遗书是与唐季珊有过结的人刻意而为。而沈寂通过阮玲玉、唐季珊周围的人，如黎民伟的日记发现，阮玲玉确有被唐施以暴力的事实。

如此看来，阮玲玉自杀虽有"人言可畏"的原因，但直接原因却是同她对男人的绝望有关，尤其是唐季珊，对她的伤害更大。

阮玲玉遗书的真伪似乎已经清楚了，然而人们不禁要问，这两封遗书为什么在当时没被人们确认，他们毕竟比我们对阮玲玉更熟悉，更了解当时情况，有许多微妙之处更不是我们当代人能体会的。所以，要确定新发现的遗书的真实性，还有许多工作要做。

古希腊戏剧之谜

在古典时代的希腊,看戏是人们日常生活不可或缺的一部分,正如我们今天要看电视、电影一样。建有宏大先进的剧场的雅典人热爱看戏剧,而且也不愁看不起戏剧——他们看戏还发钱呢!这到底是怎么一回事呢?

雅典遗址中有一座宏大的剧场建筑,其中最有名的是狄奥尼索斯剧场。它位于雅典卫城附近的一个山坡上,是一个扇形的露天剧场,顺着山坡有一排排的坐席,可以容纳近2万人。剧场中央是一个圆形的舞台,演员和歌队在此演出。舞台后面的斜坡上有一座建筑,是演员们的更衣室,而且

△ 古希腊剧场

从功用上讲,它还可以把舞台上演员的声音拢在剧场内,有现在的扩音设备的作用呢!几千年前古希腊人创造出了戏剧早期的布景,后来几经改造,延续至今形成现代戏剧的布景。剧场在更衣室前面的廊柱之间放置了大块的木板,在上面画房屋、岩洞、大海等各式各样的景物,有的柱子还可以转动,这样上面的布景就可以随剧情的发展而切换。剧场里面除了固定舞台外,还有一个活动台,将布景从后面推出来,起吊的机械设备,则可以让剧中人物升至空中,非常的生动灵活。

狄奥尼索斯剧场正好处于城乡的分界处,它的右边是熙熙攘攘的市场与海港,左边则是一望无际的乡村,因此观众的口味和身份截然分明。因此为

了便于观众了解剧中人物的身份，剧场在更衣室的两边各设一个进出口，让从乡下来的人物由左边进出场，城中或海上来的人物则是从右边进出场。

剧场是一个圣洁之地，因此杀人流血的场面是不允许在舞台上当众表演的。但鬼怪却是经常出没的，为了增强真实感，剧场在圆形舞台设有一个地道，专门让冥府鬼神上下场用。

希腊人热爱自然，崇尚自由，大多的娱乐场所都会建立在开辟的山坡上。风和日丽之下，连绵的山丘、葱郁的树木、飞翔的鸟儿、碧波荡漾的大海尽收眼底，坐的是石凳，呼吸的是新鲜的空气，看的是历史与现实的画卷，听的是悠扬的琴声与歌声，这样的剧场，真是让人向往和迷恋。

对于几千年前的雅典公民而言，看戏不仅仅是精神上的享受，还有道德情操的陶冶，它是古希腊人情感与道德的一种需要。因此，不论穷人还是富人都应当走进剧场，接受剧场的洗礼。剧场强烈的空间意识与合理的布局则反映出古希腊人的精神风貌，成为古希腊人独创精神的活的纪念碑。

起初，剧场不卖票，观众可随便进入，但这也带来了一个问题：观众闹抢位，秩序不易维持。于是便开始卖票收费，每张票价大约为普通公民半天的收入。票价虽然不算贵，但对于那些赤贫的公民来说，仍然是负担不起的，而且这类公民人数也不少。为了让公民都能看到戏，伯里克利当政时通过了一项重要的法令：在公共节日演戏时，给每位公民发放津贴，每次津贴相当于一位公民一天的生活费。这样极大地调动了公民的积极性，促进了国家文化娱乐事业的发展。

雅典公民不怕看不起戏，这真是让我们现代人羡慕不已。

在古希腊，一部戏剧的演员只有三位。剧中的人物由他们轮流扮演，他们的出场费是由城邦发给的，歌队的费用则由富裕公民赞助。虽然演员们的收入不算多，但他们每场都尽心尽力。当他们演到精彩之处时，常常博得观众的阵阵掌声与叫好，甚至观众还发出"再演一遍"的欢呼声。有时，观众也对一些戏剧喝倒彩，甚至还做出一些过激的举动。据说，有一次一位观众竟把石子抛向场中，把一位演员打晕了。当然，跺脚与向场中抛水果打演员是他们发泄不满的常用手段。

 破解契丹族失踪之谜

在新版《天龙八部》电视剧中,胡军扮演的萧峰高大勇武,留着落拓不羁的长发,双目炯炯,胸口刺青狼头图案,为人光明磊落,慷慨豪迈,其大起大落的传奇人生让人对古老的契丹族和辽国生出无限的好奇。在杨家将镇边抗辽的民间传说里,契丹人剽悍勇猛,好战凶狠,中原王朝不堪其扰。历史上真实的契丹人到底是何等模样?曾在中华文明史上显赫一时的大辽国经历了怎样的盛衰历程?这个创造灿烂文明的游牧民族,在王朝变革动荡的旋涡中,最终又流向何处?

2003年11月24日,几张貌似普通的电脑合成图吸引了全国公众关注的目光。吉林大学边疆考古研究中心的研究人员根据内蒙古吐尔基山辽墓出土的契丹女贵族的颅骨,利用电脑三维技术,成功复原了她的颅像,并展示了逼真的复原像效果图,一度沉寂的契丹历史民族研究再获重大突破。透过闪动的屏幕,一位面容鲜活、服饰精美的契丹女子从遥远的历史深处向我们款款走来……

一、大辽帝国统治北方二百一十年

契丹原是先秦时期古老民族东胡的一支,居住在辽河上游的潢水流域。"契丹"一词源自本民族自称,含义一直众说纷纭,有"镔铁"、"刀剑"、"寒冷"等数种说法。

隋朝以前契丹各部一直以游牧为生,隋唐之际,契丹人组建了比较稳定的大贺氏八部联盟,有兵员4.3万人,总人口达到20余万。唐朝开元年间,契丹遣使入朝,玄宗封契丹首领李失活为松漠郡王。此后契丹势力迅速崛起,在同室韦、乌古等少数民族的战争中不断获胜。公元907年耶律阿保机正式建国称帝,国号即是契丹。契丹国在公元947年改国号为辽,从此统治我国白沟

河（在今河北北部）以北的广袤土地长达210年。

辽朝广阔领土上既有契丹等游牧和渔猎民族，也有汉人和渤海人。辽朝统治者实行"一国两制"，设立北南面官，南面官仿照唐代制度，管理汉人州县，北面官则按照游牧民族的习俗治理契丹和奚族人口。契丹建国后还创制了"大"、"小"两种契丹文字，不断吸收汉文化的先进因素。辽朝历代帝王皆通汉文，契丹贵族中也涌现出一大批文学家、诗人和画家。

公元1125年，辽朝灭亡。此前一年，辽朝宗室耶律大石带领部分契丹人北走。公元1134年，辗转迁移到中亚的耶律大石带领部分契丹人重建辽政权，史称西辽，逐渐淡出中华各族，融合为中亚各族的一部分。辽灭后，一部分契丹人融入蒙古、高丽等少数民族，其余则进入河北和山西，本民族的特点渐渐褪尽。蒙古灭金时，他们和女真人一起被蒙古统治者视作汉人。契丹作为一个完整的民族在元代已不复存在。

二、达斡尔人和云南"本人"是契丹后裔

契丹族的消失让许多学者感到困惑不解，难道他们没有直系后裔繁衍至今吗？一直将契丹人视为祖先的达斡尔人和云南"本人"果真是他们的嫡系子孙吗？带着种种疑惑，记者专程采访了社科院民族研究所研究员刘凤翥先生，在刘老师的娓娓叙述中，历史迷雾逐渐散开……

达斡尔族是我国北方具有悠久历史的民族。达斡尔，本意为"耕耘者"，最早见于元末明初的文献中。乾隆年间，清廷修《钦定三史国语解》时就提出，在《辽史》中出现的"大贺氏"就是达斡尔人的祖先。在现代达斡尔语中，虽然许多词汇出自蒙语和满语，但有些词汇却为其所独有。达斡尔人称铁为"曷数"，这与《辽史》中契丹人对铁的称谓惊人的一致。

而生活在滇西的阿、莽、蒋三姓十余万"本人"，虽散居保山、大理等地，分属汉、彝、布朗、佤等民族，却都自称是契丹后裔。保山市有诸多遗迹保存着契丹族的历史记忆，下属的施甸县木瓜榔村蒋氏祠堂的门楣上刻着这样一副对联："耶律庭前千树绿，莽蒋祠内一堂春。""耶律"恰恰是辽代契丹族第一大姓。在昌宁县本人墓地里发现的一块石刻记载墓主："原籍乃辽东人氏，后遭逢变迁，保机后裔四散奔走……移民滇西顺宁而觅其食。"

20世纪90年代初，著名蒙古族研究专家陈乃雄先生曾亲临保山，详细考察了当地家谱、地方志和传说，并将326个"本人"的语词与多民族词语进行比较，发现其中100多个属于阿尔泰语系，验证了"本人"语言与达斡尔族语言之间确实存在着某种联系。

20世纪90年代中后期，新兴的分子考古学为最终解决这个问题提供了切实有效的帮助。分子考古通过提取古代各种生物的DNA，并将其测序结果进行比较研究，可找出其内在的遗传联系，结论具有较高的科学性。社科院民族学研究所刘凤翥、陈智超研究员和中国医学科学院杨焕明、刘春芸教授等专家合作进行"分子考古学"课题研究时，将契丹人后裔的研究列为重要内容。课题组先从达斡尔、鄂温克、蒙古和汉族等人群中收集血样，然后南下云南保山，从"本人"中提取100份血样，又取道四川乐山，从正在那里展出的内蒙古耶律羽家族墓中出土的契丹女尸上提取了小块标本。课题组完成对契丹遗骨、达斡尔人、蒙古人、鄂伦春人、汉人和云南"本人"的DNA测序后，进行了严格的比较检测，最终得出结论，在达斡尔、鄂温克、蒙古族和汉人群体中，达斡尔人与契丹人拥有最近的遗传关系，而云南保山施甸的"本人"与达斡尔人有相似的父系起源，均为契丹人的后裔。

金灭辽后，许多契丹人被女真人派到北部边疆，修筑抵御蒙古进攻的防御工事"金界濠"，随后就驻防在那里。金灭后，部分驻防的契丹人在战乱中向北迁移，保持了相对大而完整的族群，这一部分契丹人就是如今达斡尔人的祖先。而云南"本人"源自元代被蒙古人派遣到云南征战的契丹族人的后裔。辽亡后，一部分契丹人在辽皇室耶律秃花的统领下归附了成吉思汗。公元1254年，其孙耶律忙古代随忽必烈灭大理，并受命率部留守云南。《明史·云南土司二》中记载的施甸长官司阿苏鲁，凤溪长官司阿凤即是忙古代的第三代孙，阿苏鲁也被当代"本人"视作祖先。经过740多年的历史沧桑，如今契丹后裔在滇西不下15万人。在繁衍过程中他们和当地民族不断通婚，所以同达斡尔人相比，"本人"同契丹人的亲缘关系要稍远。

 中外历史文化悬疑大揭秘

 世界上真的有吸血鬼吗

在暗夜里，他们的脸色青白，有着一对雪白的獠牙，指甲尖而细长，以吸食人血为生。如果被他们咬过，也会变成他们的同类。他们会变成血红色的蝙蝠，偶尔也会变成瘦弱苍白、风度翩翩的贵族少年。在月光和镜子里竟然看不出他们的影子。他们惧怕阳光、银色的长剑，对大蒜和十字架无比的痛恨。他们就是西方传统文化中恐惧的源泉，人人谈而色变的吸血鬼。

有关吸血鬼的传说起源于中世纪罗马尼亚的君王德拉库拉，历史上也确有其人。当时的罗马尼亚遭受土耳其和匈牙利的侵略，罗马尼亚的国王德拉库拉毫不畏惧地带着罗马尼亚人勇敢地抵抗，但是他没有成为英雄，却成了臭名昭著的恶魔。史书里记载了他种种丧心病狂的暴行。他最喜欢把战争俘虏的手脚砍断，然后再把这些没有手脚的人成串地穿在尖长的木棍上，眼睁睁地看着他们痛苦地死去，高兴地听着他们刺耳的哀号，有时候德拉库拉还喝下这些俘虏的鲜血……据说，在一次疯狂派对中，他竟用这样的方式杀害了3万人。皇宫里每天都能运出大批的尸体。在一次和土耳其的交战中，德拉库拉战败被杀，土耳其士兵割下他的头颅。从此，德拉库拉以"吸血鬼"的恐怖形象在欧洲世代相传。但是事实上，德拉库拉不是吸血鬼，而是一个变态的杀人狂魔。

1897年，爱尔兰作家B·斯托克创作了小说《德拉库拉》，在小说里德拉库拉化身成罗马尼亚的民族英雄，他凯旋而归的时候，却发现深爱自己的妻子因为听信了自己阵亡的谣言而自杀殉情。于是他抱着妻子尚未冷却的尸体发誓将与上帝为敌，成为最强大、最可怕的吸血鬼……从此，吸血鬼残暴阴森却又浪漫多情的形象让人们对他既爱又怕。

在西方历史上，吸血鬼似乎不只是简单的传说。曾有许多被吸血鬼侵害

的案例保存下来，打开厚厚的案宗，其中居然还有官方的报告！这就让人们在更加恐惧的同时也不乏好奇，这一诡异惊悚的形象到底来自何处？难道这个世界上真的存在吸血鬼吗？

其实吸血鬼并非是西方的"专利"，类似的形象也出现在东方国家的传说里。在中国诡异传说中就存在这样一种僵尸，含冤而死化成厉鬼，被它们咬中也会变成同类。在日本、菲律宾等国也存在着类似的故事。如果只是传说，为什么会这样的离奇吻合，吸血鬼真的存在吗？

有的科学家指出，吸血鬼只是人类在文化水平和文明程度很低的情况下，结合一些无法解释的事实和恐怖故事形成的。至于死人能够复活，并自由地出入墓地这样的说法可能是精神病人或有恋尸癖的人偷尸体，在昏暗中被人发现，尸体在墓地里被拖动好像在行走奔跑，大家以讹传讹造成的。

"吸血鬼"能爬出棺材也并非臆断，可能是人们误将尚未死去的昏厥者匆匆下葬造成的。当时的医学并不发达，人们将昏迷、烂醉、假死、患上瘟疫的昏厥者误认为已经死亡，然后下葬。而实际上，这些人并非真正的死亡，他们会在坟墓里挣扎许久，然后才窒息而死，偶尔大难不死的，能够自己爬出坟墓。当人们看见尸体改变姿势，或者嘴角和手指上有血迹时，会惊恐地对吸血鬼的传说深信不疑。

从意识深处分析，吸血鬼的传说和人类头脑里固有的血液崇拜密切相关。古人很早就知道，植物离不开水，人类离不开血液。原始时代的人们往往在死人的墓地上撒下红色的铁矿颗粒，这种做法是希望死者早日重获生命。《圣经》里就反复地提到血液的重要。古罗马角斗士的鲜血，竟然供上流社会的贵族饮用，他们认为，鲜血可以带来健康和活力。就连鲁迅先生的小说里也提到蘸满人血的馒头，可以当药治疗痨病。

现代学者经过研究发现，世界上的确存在着一种与人很类似的吸血鬼，他们非常害怕阳光，一接触阳光就会不舒服，因此只能生活在黑暗里。在欧洲的传说中，长生不死的人就是这样的形象。最诡异的是，他们和吸血鬼一样，非常喜食血液。有人从医学角度指出，其实他们是患上了一种罕见的血液瘤——卟啉症。

卟啉症是当时欧洲斯拉夫贵族因为近亲婚配引起基因突变而导致的一种遗传病。病人身体上因为产生过量的制造红血球的物质，因此皮肤发红，一接触阳光就会产生剧烈的毒素。最严重的卟啉症患者体内的这些毒素会吞食正常的肌肉和组织，导致面部器官腐蚀，尿液呈紫红色，并且还会出现怪异举止，让人很能联想到吸血鬼的行为。

所以，卟啉症患者只能在夜间行动，他们可以依靠输血，补充血红素来缓解自身的痛苦。即使是医学发达的现在，也只能靠这个方法治疗。血红素非常的顽强，通过消化道依然可以被小肠吸收，也就是说，只有血液能让卟啉症患者感觉到身体舒服。当卟啉症患者看到血液的时候，难免仓促地渴求鲜血，这种反常生活和诡异方式，在愚昧无知的中世纪，就让人对这些患者既畏惧又害怕，同时开始出现各种和他们有关的传说。

如果真的是这样，那么恐怖化身的吸血鬼，很可能是卟啉病患者。这些被妖魔化的"吸血鬼"，他们的寿命都非常短暂，就算是活着，也几乎是时时刻刻遭受疾病的折磨。但是随着现代科学和医学的发展，西班牙的科学家提出了一个全新的医学解释，吸血鬼只是人们虚拟的一种"狂魔"，它的原型是狂犬病患者。

在中世纪，欧洲由于战争和贫困，爆发了一场狂犬病，病疫迅速扩展，病人一般为男性，他们对阳光、水、镜子和刺激性气味（大蒜味）表现出怪诞的排斥，而且他们大多具有强烈的攻击性和荒诞的性欲……当时的医学无法解释这种疾病，于是人们就认为是妖魔的恶行，由此诞生了"吸血鬼"的传说，特别是狂犬病是通过血液、唾液传播，被野狗和狂犬病患者咬到的健康人也会出现相同的症状，这就和传说中被"吸血鬼"吸干鲜血也会变成"吸血鬼"的说法惊人的相似……

所以这个世界上并不存在真的吸血鬼，它只是一种具有传奇色彩，为了迎合人类恐惧心理而虚拟的形象。但是吸血鬼也不完全是愚昧和迷信的产物，它和狂犬病患者、卟啉病患者有着千丝万缕的联系。到底是哪个致使吸血鬼的形象产生，还有待于专家们去进一步考证。

 亚历山大的尸骨在威尼斯吗

亚历山大大帝是世界历史上第一位征服欧亚大陆的著名帝王。他一生战功彪炳,被臣民们视为天神,但却在33岁时离奇猝死,而他的遗骸据称就被埋在埃及的亚历山大城中。但是,在公元4世纪左右,他的尸骸却离奇失踪。长期以来,寻找亚历

△ 亚历山大大帝

山大的尸骸和寻找圣杯一直是考古界两件引起世界关注的大事。

近日,据英国《独立报》报道,英国考古专家称经过他的仔细研究,历史上最伟大的亚历山大大帝的遗骸就埋在位于威尼斯的圣·马可墓中。这种说法的真实性到底有多大,学术界又是怎么看的呢?

一、安德鲁·楚格的文章重新唤起人们寻找亚历山大遗骸的兴趣

近日,英国考古学家安德鲁·楚格宣称,在圣·马可墓中祭坛下所摆放的木乃伊并非属于基督教的圣徒马可,而是属于亚历山大大帝。他的文章被刊登在《今日历史》杂志上。

在文中,他指出应该掘出墓中的遗骸进行尸检,这一提议在天主教徒们中激起一片骚动,遭到众多教徒的谴责与反对。

楚格是研究亚历山大大帝的专家,曾出版过多本相关著作。他相信在当年的基督教混乱之中,有人将大帝的尸骸伪装成圣·马可的尸骸而秘密埋在

当时的亚历山大城，随后遗骸又被辗转运至威尼斯。他表示："据记载，亚历山大大帝和圣·马可的遗骸都是用亚麻裹住，经过干尸化处理。亚历山大的尸骸遗失不久就出现了圣·马可的坟墓，而且都是在亚历山大城的中心广场附近，地理位置几乎相同，很有可能是教会中的高层神职人员，甚至有可能是大主教亲自下决定把亚历山大的尸骸伪装成圣·马可的遗体。几个世纪后，威尼斯商人将尸骸偷出并运至威尼斯。"楚格的观点和论证将会在他即将出版的专著《失踪的亚历山大大帝之墓》中具体阐述。目前，学术界对此众说纷纭，分歧甚大。牛津大学的专家罗宾·福克斯表示，这是无稽之谈；但是剑桥大学的希腊历史教授保尔·卡勒吉却对这一观点持积极态度。而另一位人物传记家保尔·铎赫蒂也认为："如果能将尸骸挖出并进行DNA测试，再和亚历山大的父亲的尸骸进行对比，问题就可以水落石出了。"

二、是何疾病夺去了亚历山大的生命

有研究员指出，别说亚历山大的墓在哪里人们不知道，就是他的死，历史界的说法一直都比较多。有说是病死的，还有说是毒死的。病死说又分为好几种病，有恶性疟疾说，狂热病说，蚊虫叮咬说，喝酒过量说等，不一而足。

美国学者认为，亚历山大由于长期在沼泽地区作战而染上恶性疾病，在6月13日晚上发作，从此离开人世。他来不及留下遗嘱，更没时间指定由谁来即位。而英国学者则认为，在巴比伦，亚历山大有一回酩酊大醉以后，突然发烧，从此一病不起，不久就死去了。

《大英百科全书》的看法则是："在一次超长的酒宴之后，他突然一病不起，10天之后，即公元前323年6月13日去世了。"

关于毒死也有好几种说法。一种说法是他新娶的妃子和刚出生的儿子在他死后不久就被人暗杀了，这说明在他临死之前已经有宫廷斗争存在。而有的则认为，他是被他自己的高级军官密谋毒死的，因为他死前已经变成了一个喜怒无常、动辄杀人的暴君。

古希腊史学家阿里安的《亚历山大远征记》中关于亚历山大的死说得最为详细，亚历山大的部将安提帕特鲁送给亚历山大一服药，正是这服药让亚历山大命丧黄泉。还说药是盛在一个骡蹄壳里，由安提帕特鲁的儿子卡山德送到亚历山大那里，这药是亚里士多德替安提帕特鲁配的。卡山德的弟弟埃欧拉斯是亚历山大的御林侍从，由于亚历山大不久前曾冤枉过他，他一直怀恨在心。至于亚里士多德为何要毒死亚历山大，据说是因为亚里士多德的侄子就在亚历山大的军中，而亚历山大却处死了他。

虽然人们对毒死说持有重大怀疑，但现在都没有确切的证据。亚历山大死后尸体被运往埃及的亚历山大城，但后来不知去向。人们不知道亚历山大是怎么死的，他死后被埋在哪里更是众说纷纭。据说亚历山大在死前曾留下遗言，要与其"天父"葬在一起。但在亚历山大死后，他的部下有好几位继承者，他们在大马士革对遗骨有一个争夺。据说是他的将领托勒密最终获得了亚历山大的遗骨，并将其带回埃及，埋葬在埃及的旧都孟斐斯，后来棺木移至新都亚历山大港市的中央十字路口席玛，多年来至此朝拜的人不断。但也有人认为，托勒密带回的尸骨不一定是真的。至于怎么埋的？有人说亚历山大在埃及是法老，尸体被制成木乃伊后埋入地下，后来这个墓又被人盗过好几回。公元1世纪到公元4世纪，欧洲曾经历过一个黑暗时期，这一段时期埃及也非常混乱，由于地震、海啸以及人为的破坏等原因，埃及亚历山大港的著名灯塔在这一段时期也不知去向。这段时间后，亚历山大的墓再也没人知道去向。

三、亚历山大的遗骸就埋在威尼斯的圣·马可墓中

关于亚历山大的遗骸就埋在威尼斯的圣·马可墓中，几年前就流传过这种说法。

亚历山大的父亲腓力二世的墓被发现是在1977年，这座陵墓位于今天希腊北部的维吉那，现在已经证实墓中葬的就是马其顿国王腓力二世。陵墓建造的时间应是在公元前336年菲利普二世遇刺身亡以后，墓中发现有黄金制的骨灰盒和许多贵重的陪葬器，而且还发现了腓力二世的象牙头像和他的儿子亚历山大的头像雕塑。如果能挖开圣·马可墓，将尸骸挖出并进行DNA测试，再和亚历山大的父亲的尸骸进行对比，不失为一个好办法。

隶书起源于何时

隶书是我国自有文书以来的第二大书体,直贯秦、汉、魏、晋六朝,代篆书而盛行于世。唐以后虽然楷书占据统治地位,但隶书仍然流行,它是篆书的变体。楷书的前身,上继周秦,下至魏晋,是我国文字形体和书法演变的重要标志。但隶书究竟起源于何时,所云众多,说法不一。

据东汉许慎《说文解字·叙》云:"秦烧灭经书,涤除旧典,大发隶卒兴役戍,官狱职务繁,初有隶书,以趣约易,而古文由此绝矣。"

据西晋卫恒《四体书势》云:"秦既用篆,奏事繁多,篆事难成,即令隶人(指胥吏)佐书,曰隶字。"又云:"隶书者,篆之捷也。"

《唐六典》云:"五曰隶书,典籍、表奏、公私文疏所用。"

隶书相传是秦代书家程邈所作。程邈,字元岑,秦代下杜人,初为县之狱吏,他对文字很有研究,后因得罪了秦始皇,被囚在云阳(今陕西省淳化西北)狱中10年。他感到当时官狱公牍繁多,篆书结构复杂,书写不便,因此就动脑筋把它改革,在原来大小篆的基础上加以整理,削繁就简,变圆为方,拟定了一批日常应用的标准隶书,成隶书三千字奏之。秦始皇看后很欣赏,不但赦免了他的罪行,而且还起用为御史,并以其所造的隶书发交官狱应用佐书,故曰"隶书",所以世称程邈为"隶书之祖"。

但据《水经·谷水注》所记,隶书早在始皇前400年齐太公六世孙胡公棺上就已经发现了。虽然此说在时间上亦有可疑之处,但至少可以证明隶书是古代广大劳动人民在日常应用中日积月累创造出来的。

从近10多年来不断出土的简、牍来看,上述的论断并不完全正确。

1980年四川省青川县发掘了一处战国时期的土坑墓葬群,在出土文物中,发现了两件木牍。其中一件木牍,有三行墨书文字,字迹尚清晰可辨。据考证，书写时间为战国时公元前309年，比秦始皇统一中国（公元前221年）早88年。这件木牍上的书体，与以前及当时钟鼎上所铸金文相比较，有许多差别。其特点是：减少盘屈，化繁为简，圆者渐方。字形从狭长渐变而为正方形或扁形，有的字并有"蚕头燕尾"和波势的雏形。如九、四、鲜、津、则、月、目、尺、可等字，就体现了上述特点。这种书体，虽然基本上仍是篆书结构，但含有较多的隶书笔意，且笔画带草。

△ 秦隶

1975年，湖北省云梦县出土的秦始皇时期竹简上的"秦隶"（又叫"古隶"）字体与四川青川木牍上的字迹大体近似。因此有人推测为：隶书源于先秦战国时期，由大篆发展演变而成。至秦代，在变大篆为小篆的同时，对战国时初创的隶书进一步整理后才发展成为"秦隶"。

有的专家则认为隶书的起源不能归于某一人所创制，程邈造隶书的说法是不正确的。隶书的出现，无疑是经历了一个历史发展的过程，是古代先民长期的群众性书写实践的结果。文字是社会实践的工具，更是社会实践的产物。隶书的出现，绝不是某一个人闭门造车的结果，也绝不是在一朝一夕之间突然发生的。若把殷墟甲骨文直至小篆都归于篆书系统，则可以说殷、周直至秦代，都是篆书的时代，而隶书则是汉代流行的标准字体。而隶书的开始出现，却可以追溯到很远，早在篆书时代出现的草篆，作为篆书的一种便于书写的简化字体，已经孕育了隶书的萌芽。

隶书艺术，在雄厚的基础之上，经历了前后无数学书者的苦心钻研，在我国书法艺术史上有着继往开来的重要地位和作用。正是由于这个原因，对于隶书起源的争议更引起了众多人的兴趣和关注，揭开隶书起源之谜对繁荣和发展中国书法艺术将起到有益的作用。

《木兰诗》是什么时候所作

《木兰诗》是我国古代的一首优秀民歌。该诗描绘了少女花木兰，女扮男装替父从军，征战沙场十年，立下赫赫战功，最后竟不图功名利禄，还回女儿身，弃官回乡务农的故事。

范文澜在《中国通史简编》一书中写道："诗中描写的木兰，确实表现了中国妇女的英雄气概和高尚道德。"

在中国历史上，由于花木兰的出现，中国妇女的形象也随之高大了许多。

只是关于《木兰诗》作于何时，在史学界上还存在着争议。

《古文苑》曾题有："唐人木兰诗"。《文苑英华》记载："唐代韦元甫作。"

但有人提出反驳，从收藏的历史资料中看，《木兰诗》在陈释智所撰《古今乐录》中已经录有，因而可以说这不是陈以后的作品。北朝战争频繁，诗歌的内容正好反映了这一特定的社会背景。根据对诗歌本身的分析表明，诗中君主称为可汗，出征作战的地点均在北方，都充分说明它是北朝作品。

那些认为《木兰诗》是隋唐以后民歌的学者，认为《古今乐录》不十分可靠，而诗中反映的风俗习惯等都和隋唐的相符，根本与北朝无关。

虽然两种观点对立多年，但无论《木兰诗》产生于何时何代，都不能抹杀诗歌本身的艺术成就，更不能无视它在文学史上的地位。两种观点，都有它自己的依据，不能互相说服，因而我们只能等待新的、更有力的证据来解开《木兰诗》产生的时代之谜。

 # 曹操为何要杀华佗

受《三国演义》的影响，今天的许多史学家也大都认为，华佗不仅医术高明，而且医德高尚，时刻心系天下百姓的疾苦，不肯服侍权贵，专门为曹操一个人看病，于是借口妻子病重离开了曹操，曹操屡次催他回来他都不肯，最后曹操一怒之下把他给杀了。

曹操为何要杀掉华佗呢？《三国演义》对此的解释可谓深入人心，在该书的第七十八回中，罗贯中详细地描写了曹操杀华佗的经过。

曹操为造建始殿，亲自挥剑砍伐跃龙祠前的梨树，得罪了梨树之神，当晚做了个噩梦，惊醒之后便得了头痛顽症，遍求良医，均不见效。

△ 华佗像

后来，华歆向曹操举荐了华佗，曹操立马差人星夜将华佗请来为他看病。华佗认为曹操头痛是因中风引起的，病根在脑袋中，不是服点汤药就能治好的，需要先饮"麻肺汤"（也就是人们所熟知的"麻沸散"，是华佗发明的一种麻醉剂），然后用利斧砍开脑袋，取出"风涎"，才可能去掉病根。

多疑的曹操以为华佗是要借机杀掉他，为关羽报仇，于是命令左右将华佗收监拷问，致使一代神医屈死在狱中，而华佗所著的《青囊书》也因此失传。

在中国古代社会里，"万般皆下品，唯有读书高"和"学而优则仕"是

△ 曹操像

众多读书人的信条。华佗所生活的东汉时期，社会上读书做官的热潮已经达到顶点，公卿大多数是熟悉经术者，汉顺帝时太学生多达3万人，学儒读经成为社会风尚。而医药技术虽为上至帝王、下至百姓所需，但却为士大夫所轻视，医生的社会地位不高，名医弃医从政的例子很多，这种社会风尚不能不对华佗有所影响。

据《三国志·魏书·方技传》记载，华佗年少时曾经在徐州一带游学，是个"兼通数经"的读书人。同当时大多数读书人一样，入仕做官也是华佗的人生目标，从医只是他的"业余爱好"。

但是，该书还记载，沛国相陈珪荐举华佗为孝廉，太尉黄琬征辟他做官，他都不去。这又是为什么呢？

这可能有两个原因：一是华佗才气大，颇自负，认为陈珪、黄琬荐举的官职都不大，不肯为之；二是他已经迷恋上医学，不愿为此小官而抛弃所喜好的医学。

《三国志》的作者陈寿在该书的《方技传》中写道，"然本作士人，以医见业，意常自悔"，一语道破了华佗走上从医道路以后的心态。在行医的过程中，华佗深深地感到医生的社会地位的低下。他的医术是高明的，名气越来越大，前来请他看病的高官权贵越来越多。在跟这些高官权贵的接触过程中，华佗的失落感更加强烈，性格也变得乖戾了，难以与人相处，因此，范晔在《后汉书·方术列传》中毫不客气地说他"为人性恶，难得意"。在后悔和自责的同时，他在等待入仕为官的机遇再度降临。

曹操请华佗为他治疗"头风"顽症，华佗用针扎胭俞穴位，手到病除，效果很好，《三国志》对此的记载是，"佗针鬲，随手而差。"后来，随着政务和军务的日益繁忙，曹操的"头风"病加重了，于是，他想让华佗专门为他治疗"头风"病。华佗说："此近难济，恒事攻治，可延岁月。"意思是说，你的病在短期内很难彻底治好，即使长期治疗，也只能苟延岁月。曹操的病果真那么严重了吗？

据中医界人士讲，"头风"病确实比较顽固，在古代的医疗条件下，想要彻底治愈确实很困难，华佗虽为神医，也未必有治愈的良策。但若说即使"恒事攻治"，也只能苟延岁月，死期将近，就未免危言耸听了，很明显有要挟的成分在内。

华佗正是想利用为曹操治病的机会，以医术为手段，要挟曹操给他官爵。曹操后来说，"佗能愈此。小人养吾病，欲以自重。"意思是说，华佗能治好这病，他为我治病，想借此抬高自己的身价。这说明曹操当时是明白华佗的言外之意的，但是他并没有立即满足华佗的要求。

于是，华佗便以收到家书，想回家小住几天为借口，请假回家，到家后又托辞妻子有病，一直不回，对曹操进行再度要挟。曹操依照汉律，以"欺骗罪"和"不从征召罪"判处华佗死刑，华佗伏诛。

据《三国志》记载，华佗回家后，曹操曾经多次写信催他回来，还曾命令郡县官员将华佗遣送回来，但是华佗还是不肯回来。

曹操大怒，派人前去查看，如果华佗的妻子果真病了，就赐给40斛小豆，并放宽期限；如果华佗说谎，就拘捕押送他回来。于是华佗就被交付许县监狱，审讯后本人认罪。谋士荀彧替华佗向曹操求情，曹操不理，将华佗给处死了。

曹操杀华佗是不是一时意气用事呢，判处华佗死刑有法律依据吗？

曹操是当时著名的政治家，在历史上以"动以王法从事"著称。无论是理政还是治军乃至齐家、诫子，曹操都以汉律为基本准则。依照汉律的规定，华佗犯了两宗罪：一是欺骗罪；二是不从征召罪，主要是后者。汉律中有"大不敬"罪，对"亏礼废节"之犯者要处以重刑。《汉书·申屠嘉传》便载有人"通小臣，戏殿上，大不敬，当斩"的案例。"大不敬"的具体内容较多，其中"征召不到大不敬"适用于华佗所犯之罪。

传世古籍《山海经》的难解之谜

《山海经》是一本著名的传世古籍,最早把《山海经》整理成文,并且公诸于世的是西汉时的刘向、刘歆父子,他们是把此文作为禹、益治水的记载来看的,到了东汉时的王充也这样认为。但是,现在从更多的资料得出这种看法不大正确。书中分明记载了禹、益之后的很多事,还有称"禹父"、引"禹言"的地方,甚至提到了一些秦、汉时期的郡、县名,也提到了战国后期才出现的铁。对此,隋朝时有人认为这些都是由后人掺入了自己的文字所致。虽然不知此说是否准确,但起码可以说《山海经》不是禹、益所作。现在学术界认为《山海经》的材料来源可能比禹、益时代更早。开始是口耳相传,在流传中不断增加演变,最终在西汉时写成文字,因此可以推为此书作者可能有几个人或10多人。

现在人们看到的《山海经》的突出特点是"怪"。书中记载的都是古代的一些怪事和怪物,就连最早把它的名字载入史册的司马迁都认为它荒诞不经,不能上正式场合。

而对《山海经》一书的定性,则古往今来差距很大,分歧更多。最早给它分类并划定归属的当属汉代班固作的《汉书·艺文志》,本书把《山海经》划入数术略中的那种根据地域、人、物等形状判断其吉凶贵贱的"形法类"书籍的开头。在以后的很长一段时间里,它却又被看做是经典地理书。到了清代学者编修《四库全书》时,《山海经》已被定作小说,并说它是最古老的小说。当然,这里提到的"小说"并非今日狭义的小说,而是指中国古代广义的小说。

与此同时,道教徒们又一直把《山海经》看做神仙方士之言,并把它收入《道藏》。

进入20世纪以后，接受新思想的学者们开始用新的眼光来考察《山海经》。

茅盾认为《山海经》是"一部杂乱无章的神话总集"。而鲁迅先生在《中国小说史略》的《神话与传说》篇中则干脆把《山海经》列作古代封建迷信的书。

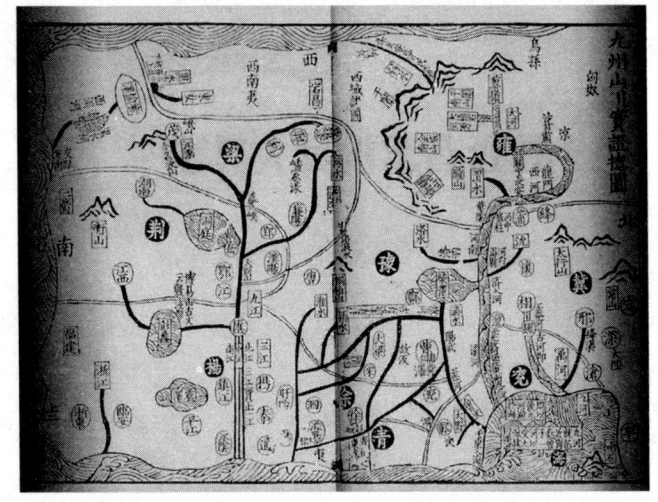

△ 《山海经》插图

有人兼顾两派观点指出：《山海经》"是一部巫术性的地理书"。

《山海经》不仅在作者、创作年代和创作意图上存在着难解之谜，它的最初形式也让人难以知晓。

早在南宋时，儒学大家朱熹就指出：《山海经》的文字之前是图画形式，它是根据图画来写成书的。而明代的胡应麟、杨慎，清代的毕沅也都认为《山海经》是《山海经图》的文字说明，这种说法，至今还没有被证实。今天所见的《山海经图》都是《山海经》成书以后所绘制的插图。不过古书记载中，确实经常可见有关《山海经图》的线索，好像是古代曾有过一部《山海经图》，但是，现在人们既无法确定这部《山海经图》所属的年代，更无法确认它是否真实存在。

古怪离奇的《山海经》确实存在着许多令人解不开的谜，它的性质、作者、创作年代以及创作意图都需要人们继续探索。

是否有梁祝其人其事

梁山伯、祝英台的故事,在我国可以说是家喻户晓,无人不知。但是,历史上是否真有梁祝其人其事呢?

否定有梁祝其人其事的人认为:梁祝和《白蛇传》、《牛郎织女》、《孟姜女》一样,是中国的一个民间故事,后来又编成戏剧。尽管戏剧和故事都很感人,但毕竟是传说,因此,事实上不存在梁祝其人其事。有人进而言之:梁祝死后难道真的能化蝶?孟姜女怎么能哭倒长城?至于织女和白娘子一个是天女、一个是白蛇所化,这很明显是传说。然而认为历史上果真有梁祝其人其事的也不少。江苏某报刊登了一篇短文,说祝英台本是明代侠女,梁山伯是明朝书生,两人本来毫无关系。只是祝英台生前为民造福,死后人们为她安葬,在挖掘墓穴时发现了梁山伯墓,就把他们葬在一起,才演绎出来"梁祝"故事来的。这则"逸闻"曾引起了人们的兴趣,可惜语焉不详,没说明来源,因此无法进一步探索此说的真假。

其实,研究"梁祝"有否其人其事并不是从今天才开始的,历史上有些认真的学者也进行研究探索,但即使有梁祝其人其事,目前还有东晋、明代两说。持祝英台为明代人这种观点的人认为,焦循曾亲眼看见山东嘉祥县明人为祝英台所刻的碣石拓片,再加上明人有传奇《同窗记》(演梁祝故事,现存《访友》),演的正是明代的事。然而这种说法有站不住脚的地方,因为据元代钟嗣成《录鬼簿》所记,元曲大家白仁甫有《祝英台死嫁梁山伯》的剧目。从元代再往前探索,北宋苏东坡的词集《东坡乐府》有词牌《祝英台近》,以后辛弃疾、吴文英均有词作,据此又可以推断,早在北宋时就已有祝英台故事流传。

梁祝究竟是晋代人,还是明代人,由于都有史书记载作依据,因而谁都难以断定。

 真有唐伯虎点秋香之事吗

唐伯虎是明朝一位赫赫有名的大画家，在后人眼里也是一位寻花问柳的风流才子。他多才多艺，诗、书、画俱佳，在他的作品中，不乏艳词之作。尤其是他的绘画作品，大多都是风尘中的仕女。唐伯虎笔下的女子，栩栩如生，顾盼多情，艳丽中似显淫荡，妖媚中些许柔情。

由此可见，以"江南第一风流才子"自称的唐伯虎，被后人视为放荡不羁的风流之徒，也就不足为怪了。

但历史资料的记载中，并没有唐伯虎三笑点秋香这样的风流故事。

历史上的唐伯虎，幼年时期聪明好学，16岁时就考取了秀才。他的诗、画在当时堪称一绝。后来有一官家的千金女子慕唐伯虎的才学，就嫁给唐伯虎为妻。未曾想到唐伯虎受冤案牵连，被押入狱。虽然很快获释，但仕途、功名一败涂地。唐伯虎的妻子见日后难享荣华富贵，竟不辞而去。

姑苏名妓沈九娘，见唐伯虎情场失意，借酒消愁，顿生怜爱之心。沈九娘百般劝慰唐伯虎，尽全力支持唐伯虎赋诗作画。两人互诉心曲，共生爱意，不久结为夫妻。

有善良的沈九娘做贤内助，唐伯虎又重新焕发起艺术创作的激情。

一幅幅以沈九娘为模特儿的仕女画，在唐伯虎笔下油然而生。那画中的美女，又是那般妩媚、那般柔情、那般风姿绰约。

正史记载中的唐伯虎与才女秋香，既无花前月下，也无感情纠葛，至于三笑点秋香之事恐怕是他人所为了。唐伯虎三笑点秋香是否真有其事？人们一直对此迷惑不解。

中外历史文化悬疑大揭秘

 贝多芬的"不朽的爱人"是谁

△ 贝多芬像

1827年贝多芬死后,人们在他写字台的一个秘密抽屉里发现了三封情书以及他昔日的恋人特雷莎的肖像。信没有寄出,日期也不完全,其中第一封上注明是"7月6日,早晨",其他两封信封分别是"7月6日,星期一晚"和"7月7日,早晨好!"三封信上都没有写收信人的姓名和地址,只是在7月6日早晨的那封信上写着:"致'不朽的爱人'"。

这三封书信揭开了这位音乐巨匠内心深处隐秘的世界,给他的爱情经历蒙上了一层神秘色彩,也激起了研究者们浓厚的兴趣。这位无名的"不朽的爱人"究竟是谁?这个问题更是众说纷纭,莫衷一是。

第一种说法认为:"不朽的爱人"是朱丽叶·吉采尔获。朱丽叶·吉采尔获是意大利歌唱家,比贝多芬小14岁。他们初次相识是1800年在布鲁斯维克家里,两人热烈地相爱了。贝多芬灵感勃发,在1801年写成了著名的《月光》钢琴奏鸣曲,献给朱丽叶。很可能贝多芬向她求婚了,而朱丽叶也准备接受他的请求,但遭到了她父亲的反对。终于,1803年朱丽叶嫁给了加伦堡伯爵。基于这些传闻,有人认为,把贝多芬信中所云"不朽的爱人"视作朱丽叶,似乎并无不妥。

第二种说法认为:"不朽的爱人"是约瑟芬·布鲁斯维克。1804年约瑟

芬在她第一个丈夫约瑟夫·戴姆伯爵死后,就和贝多芬产生了浓厚的爱情。这年冬天,贝多芬每隔一天就去拜访约瑟芬。他们的感情到第二年春天后达到了高峰,但遭到布鲁斯维克家人的反对。他们之间的恋爱关系只好就此终止。1808年约瑟芬与史特克伯爵相识,不久就结了婚。但实际上约瑟芬仍然很依恋贝多芬,她曾对姐姐特蕾莎悲伤地说,出身高贵的人要按自己的愿望选择意中人是多么不容易。贝多芬学学者卡茨纳森还推测,1813年出生的约瑟芬幼女米莎娃可能是约瑟芬同贝多芬的女儿。可见,把约瑟芬作为"不朽的爱人"似乎也有一定的道理。

第三种说法认为:"不朽的爱人"是约瑟芬的姐姐特蕾莎·布鲁斯维克。贝多芬的这三封信是和特蕾莎的肖像藏在一起的,足见特蕾莎在贝多芬心目中的地位。贝多芬比她大5岁,两人虽早已相识,但相互亲近,双双坠入情网要到1809年以后了,他们的感情十分合拍。特蕾莎多才多艺,她把自己的肖像画赠给贝多芬,并在上面题了辞:"致罕见的天才,伟大的艺术家,上帝的宠儿。"贝多芬则把他的《升F大调奏鸣曲》献给特蕾莎。贝多芬晚年时,有位朋友无意中见到他捧着特蕾莎送给他的肖像哭泣,并自言自语道:"你这样美,这样伟大,和天使一样!"最后,他把这幅肖像和他的三封情书一起放在了那个秘密的抽屉里。因此,特蕾莎很有可能是那位"不朽的爱人"。

上述几种说法很早就出现了。而近年,贝多芬学的研究者梅纳德·所罗门又另辟蹊径,认为这三封信是贝多芬在1812年写给安东尼·布伦塔奈的。

"不朽的爱人"究竟是谁,是朱丽叶,是约瑟芬,是特蕾莎,还是安东尼,或是另有其人?问题的答案,大概只能永远留在贝多芬的心中了。

印度史诗的价值

《摩诃婆罗多》和《罗摩衍那》是印度的两大史诗。前者写两族之间的战争,近似《伊利亚特》;后者写罗摩的遭遇,颇像《奥德赛》。不过,印度史诗的内容更庞杂,篇幅更长,它们是希腊两部史诗总和的8倍多。

《摩诃婆罗多》所叙写的印度生活,庞博精深。它既是历史传说,也是史诗,还是宗教经典。古代的风习民情和社会科学、自然科学的各种知识,几乎都在这儿汇集,因而也是一部包罗万象的百科全书。尽管穿插的故事约占全诗4/5,如著名的豆扇陀和沙恭达罗的故事,那罗和达摩衍蒂的故事,萨帝梵和莎维德丽的故事。《罗摩衍那》的核心故事,印度族和黑天的故事等,但史诗的中心故事仍是俱卢族和般度族为争夺和继承王位,在俱卢之野进行的18天战争。

《罗摩衍那》即"罗摩传"的意思,相传为蚁蛭所作。全诗分为7篇,据说第一篇与第七篇产生较晚,中间5篇产生较早。第一篇《童年篇》叙述罗摩的出世;第二篇《阿逾陀篇》叙述罗摩被流放;第三篇《森林篇》叙述罗摩与悉多在森林中的遭遇;第四篇《猴国篇》叙述罗摩与猴国结盟;第五篇《美妙篇》叙述悉多坚贞不屈;第六篇《战斗篇》叙述罗摩大战罗波那;第七篇《后篇》叙述罗摩、悉多的再次离合。

《罗摩衍那》以极大的同情,重点写了罗摩与悉多悲欢离合、忠贞不渝的一夫一妻的炽热爱情。史诗还反映了一夫多妻制情况,梵授国王娶了俱舍那婆国王的百个女儿为妻。从诗中可以得知,当时带有铁铧的耕犁已经出现。

奥运圣火的来历

早在公元前776年第一届奥运会上，就有点"圣火"的仪式。它起源于古希腊的神话。传说有一个名叫普罗米修斯的人，有一次捉弄了霸道的天神宙斯。宙斯一怒之下，拒绝给人类降火。普罗米修斯为了给人类取火种，不顾自身安全，把茴香树枝伸上天空，从太阳那里引来火种。宙斯知道后怒不可遏，把普罗米修斯吊在高加索山的悬崖绝壁上，任其风吹雨打、烈日暴晒、秃鹰啄食，普罗米修斯受尽了煎熬。后来，人们为了纪念这位给人类带来温暖和光明的勇敢的取火者，就制成火炬来传递，并把火炬作为光明、勇敢和威力的象征。现代奥林匹克运动的创始人顾拜旦为了把奥林匹克精神永远传播开来，继承下去，提出了在奥运会上点圣火的建议。1936年在第11届奥运会上，这条建议正式实施。

△ 采集奥运圣火

那么，奥运圣火又是从哪里取得火种的呢？它就取自于古代奥运会的发祥地奥林匹亚。在希腊女神赫拉的庙旁，一个女神装束的女子用凹面镜聚焦点燃火炬，然后火炬以接力传递的方式被传送出去，在奥运会开幕前一天到达举办城市。

《霓裳羽衣》的传说

我国的歌舞艺术发展到唐代，属鼎盛时期，上至宫廷，下至民间，出现名目众多的音乐、舞蹈形式。唐代大曲，就是当时广为流传的一种歌、舞、曲相交融的多段体乐曲，代表作为《霓裳羽衣》。

关于《霓裳羽衣》有不少传说：其一说这首舞乐是唐开元中西凉节度使杨敬述进献给唐玄宗的，原名《婆罗门曲》，后经玄宗润饰并制歌词，改名为《霓裳羽衣》；其二说有道士罗公远在中秋节的晚上，宫中赏月时，折下桂花一枝，抛向空中，化作银色长桥，唐玄宗和杨贵妃就踏上长桥进入月宫。数百仙女，披素雅长带翩翩起舞，据说舞的是《霓裳羽衣》，唐玄宗精通音律，暗将乐谱记在心里，归来只记得一半，就让乐工排练起来。后来西凉总督杨敬述献印度的《婆罗门曲》，声调和原曲相符，遂把月宫默记的一段为"散序"，杨敬述所献乐曲改为《霓裳羽衣》；其三说唐玄宗登云乡驿，望女儿山有感而作。刘禹锡诗："云乡陌上望仙山，归作《霓裳羽衣曲》。"

《霓裳羽衣》舞当时以它的新颖雅丽，在宫廷受到极大的欢迎。舞蹈开始之前有一段序曲称为散序，就是散板不舞，仅用磬、筝、萧、笛相互交错着弹奏起来，在舒缓、悠扬的旋律中把人们引入奇妙的"仙山佛地"。到中序开始起舞，由缓慢的拍子，悠然低昂的节奏，渐渐过渡到急促的拍子，中序舞姿柔婉，正像白居易诗所描写："飘然转旋回雪轻，嫣然裾送游龙惊，小垂手后柳无力，斜曳据时云欲生。"到"入破"，改急促的快板，正是"繁音急节十二编，跳珠撼玉何铿铮"。因为急速的旋转，珠玉等装饰品都撒满一地，一般舞蹈至入破就结束，而这个舞曲最后长引一声才结束。

这个舞曲的首演者应该是杨贵妃，最初大多为独舞，后来才发展为双人舞和群舞。

灶神究竟是谁

过去，每当农历腊月二十三或二十四，我国绝大多数人家都要祭灶神——"送灶"。民间传说，每家灶头都有一位"灶君"——灶神老爷。旧岁逝去前夕，灶神老爷按例要上天禀报所在人家一年的善恶，以供玉皇大帝决定赐福或降灾时抉择。人们对这位"现管"的灶神老爷不敢等闲视之，唯恐他打小报告，故在送他上天前，总要供些酒菜和饴糖（麦芽糖）封住他的嘴，免得他在玉皇大帝面前说三道四，直至除夕再把他接回来。

一年一度的祭灶神活动，成了中华民族独特的带有幽默色彩的民俗文化活动之一。

宋代诗人范成大曾写了一首《祭灶词》，对祭灶的习俗作了生动的淋漓尽致的描摹："古传腊月二十四，灶君朝天欲言事。云车风马小留连，家有杯盘丰典祀。猪头烂熟双色鲜，豆沙甘松粉饵圆。男儿酌献女儿避，醉酒烧钱灶君喜。婢子斗争君莫闻，猫犬触秽君莫咳。送君醉饱登天门，构长构短勿复云，乞取利市归来分。"这种有趣滑稽的场景，事隔千余年的今天，在我国部分地区仍可看到。令人惊奇的是，习俗模式自有文献记载以来，几乎没有多大变化。

祭灶习俗由来已久，但灶神老爷究竟是谁呢？可谁也说不清楚。

一种意见认为，灶神老爷原是一位上古帝王或其后裔，具体指谁，各家说法不同。《淮南子·把论》说："炎帝作火死而为灶。"高诱注："炎帝、神农，以火德王天下，死托把于灶神。"《太平御览》卷百八十六引《淮南子》文云："黄帝作灶，死为灶神。"俞正燮《癸巳存稿》卷十三"灶神"条引《许慎异义》说："灶神，古《周礼》说，颛顼有子曰黎，为祝融，把以为灶神。"

△ 灶神

还有一种意见认为灶神即是《史记·封禅书》索隐《白泽图》所述："火之精曰宋无忌。"《三国志·魏志·管骆传》对上述作了解释："王基家贱妇生一儿，堕地，即走入灶中。辖曰：'直宋无忌之妖，将其入灶也。'"显然，管骆把宋无忌当做了灶神。

有的学者认为灶神就是灶头边常见的蜂螺。轰河在《神话论文集·神话灶神和祭灶》一文中说："这种常见于灶上的小生物，古以为神物（或鬼物），祟而招之，将它作了灶神。段周鼎彝，多以蝉纹为饰，所绘的就是这么一种东西。"

至于民间关于灶神来历的传说则更多了。有的说灶神爷原是一名贪官，被人一巴掌贴在灶上，眼睁睁看人吃美食；有的说灶神爷原是一位喜新厌旧的薄情男子，遗弃前妻后，坐吃山空，沦为乞丐，流落他乡，饥寒中被一妇人收留，温饱后才发现妇人是他的前妻，一时惭愧，无地自容，一头钻进了火炕，死在其中，死后，封为灶神；还有的传说说他原是个赌棍，甚至与土地爷赌起老婆来；范成大《祭灶词》中刻画的灶神形象，似乎是一位贪嘴耳软的好好先生。灶神究竟是谁呢？看来是很难弄清楚的。

 古今罗汉知多少

罗汉，是梵文阿罗汉的简称，是小乘佛教修行所能达到的最高界位：一译杀贼，杀烦恼贼之意；二译应供，受人天供养之意；三译不生，不入涅槃，不再受生死果报之意。关于罗汉的数量，有说是十六尊，也有说十八尊，最多的说是五百尊。人言人殊，莫衷一是。罗汉的部分名字，也有不同说法。

据大乘佛经记载，有十六罗汉，他们是佛祖释迦牟尼的弟子，受佛陀嘱咐，不入涅槃，常任世间传教弘法，受世人的供养而为众生作祈福。

那么，在不少寺庙中为什么又有十八罗汉呢？有人解释说：佛陀弟子甚众，修成正果的罗汉不少，自然不止十六尊，但又为什么仅有十八尊，却又说不出所以然。根据现存史料，最早的十八罗汉是从宋代张玄所绘十八罗汉像而来，苏轼曾为之题赞，并记其神通变化，可惜未标出名号。其后贯休又画十八罗汉像，苏轼再为题赞，并一一标出名称，第十七尊为庆友，第十八尊为宾头卢。

西藏也有十八罗汉之说，是在原十六罗汉之外加上法增居士和布袋和尚，这是从汉地传入的。法增是贺兰山北内蒙（今阿拉善旗）人，因供奉十六罗汉而得到感应，每日都见到无量光佛出现于云中。而布袋和尚即寺院大门口笑口常开的弥勒菩萨的化身，五世达赖喇嘛为之特造了《供养十六罗汉仪轨》，可是不知为什么仅叙述名号而仍未列入，故至今在供养仪轨中还只是十六罗汉。清梁章矩在《浪迹续谈》中说：乾隆在杭州西湖圣因寺中观看贯休十八罗汉像时，肯定了十七罗汉为降龙（迦叶）、十八罗汉为伏虎（弥勒）。但降龙伏虎只是后世传说，佛典并无记载。在封建社会中，一经皇帝御定，便是金口玉言，即使不符史实也即成了定论，十八罗汉之说从此

不胫而走，逐渐取代了十六罗汉。不过苏轼在《应梦罗汉记》说：兀丰四年歧亭庙中有一阿罗汉像，左龙右虎，可见在宋代，降龙伏虎尚是同一罗汉。如此人言人殊，实在难以断定。

至于五百罗汉，在佛经中本来是经常可以看到记载的，如西晋望法护译《佛五百弟子自说本记经》中即有："佛灭度后迦叶尊者与五百罗汉最初结集三藏佛经。"又《舍利佛问经》也说：佛沙秘多罗王毁灭佛法后，有五百阿罗汉重兴圣教。宋绍兴年间，《江阴军乾明院罗汉尊号石刻》碑中，五百罗汉排列俱全。从此以后，各地寺庙一般都沿用此碑列序排座五百罗汉，并纷纷建立罗汉堂，其中著名的有北京碧云寺、成都宝光寺、苏州西园寺、汉阳归元寺和昆明绍竹寺等。但是否就是结集三藏的五百人，却又成为一桩疑案。

奇怪的是在五百罗汉中，除了印度人以外，竟然有碧眼金发的西洋人和中国帝王。从前广州市西关华林寺罗汉堂内有一尊身穿西服、足蹬革履、头戴泥帽的罗汉，相传是元代的马可·波罗。昆明绍竹寺里有尊基督教的耶稣罗汉。而成都宝光寺罗汉殿中第二百九十五尊暗夜多罗汉和第三百六十尊直福德罗汉与其他僧相迥异，他俩风帽遮顶、龙袍加身、颔下长须，脚踏粉底乌靴呈帝王相，据传说是清康熙与乾隆皇帝。他们为什么也列座于罗汉行列？对前两位洋罗汉，有人说是在元代，凡是西方来者，一律认作佛徒之故。也有人说是这两位对中外文化交流起过卓越贡献而为之纪念。后两位帝王笃信佛教，他们希冀在身后也能成佛，便利用天子权威，硬是挤进罗汉群中。不过雕塑艺术家大胆地开了一个小小的玩笑，在康熙脸部添加几点隐约的麻点，极尽讽刺嘲笑的能事，显示出民间艺人的聪明智慧与斗争精神。

罗汉究竟有多少尊？十六、十八还是五百？或许还有更多。佛经中虽有述及，但没有明确的数字，这是一个玄奥的谜题，可能永远无法解开，只能让人们在奥秘的臆想中驰骋吧！

歌唱何时开始之谜

卡拉OK，是当今青年人、中年人甚至老年人都比较喜欢的一项娱乐。演唱的人，手持麦克风，跟着屏幕上的画面，边舞边唱，尽情地抒发胸中的情感。可是，你可知道，中国何时开始有歌唱的？这却是一个需要进一步探讨的"谜团"。古书《诗经》上说，当人们内心的情意被外界感应的时候，心里就会激荡，于是就会在唇吻之间发出声音来表示。而这种声音在经过调和美化之后，便成为歌唱，甚至还会引起手舞足蹈。即所谓："情动于中，而形于言。言之不足，故嗟叹之。嗟叹之不足，故歌咏之。歌咏之不足，故不知手之舞之，足之蹈之也。"这里所说的"嗟叹"、"歌咏"，就是歌唱的形成过程。至于从谁首先开始的，说法就多了。

一、始于帝舜

一种说法是歌唱始于帝舜。据《史记·乐书》记载说：舜是一个孝子，为了表达他的思亲之情，先制作了一张五弦琴，然后用这琴声来伴唱孝子思亲的歌曲——《南风》。于是，乐官夔根据他唱的歌，谱成乐曲，赏赐给各地的诸侯，希望天下都能受到舜的影响，起到普遍的教化作用。"昔者舜作五弦之琴，以歌南风。夔始作乐，以赏诸侯。"而《尚书·尧典》的记载，更生动具体，但没有说舜曾作琴、唱歌，而说他下了一道命令，任命夔为乐官，要他作曲谱歌，用歌唱去教育年轻人，让他们变得正直而温和，宽大而谨慎；并做到性情刚直而不凌人，态度简约而不傲慢。为了要夔做好这一工作，舜还谆谆教导说，诗是用来表达思想感情的，歌唱则是借助语言把这种感情咏唱出来。唱的声音既要抒发胸中的思想感情，又要符合音律，使之优美动听。伴奏的乐器，还要注意和谐、协调，让神听了也感到快乐和谐。"夔，命汝典乐。教胄子，直而温，宽而栗；刚而无虐，简而无傲。诗言志,歌永言,声依永,律和声。八音克谐,无相夺伦,神人以和。"

二、始于长琴

另一种说法是歌唱始于长琴。《山海经·大荒西经》记载说,颛顼的孙子祝融生了一个儿子叫长琴。他住在摇山上,开始为人们创制各种乐曲。"在摇上,其中有人,号曰太子长琴。颛顼生老童,老童生祝融,祝融生太子长琴。是处摇上,始作乐风。"而《山海经·海内经》还记载说,帝俊的儿子也创造了歌舞。记述中还强调帝俊有个儿子叫晏龙,首先创造了琴瑟,于是他的七个兄弟开始歌唱跳舞。"帝俊生晏龙,晏龙是为琴瑟。帝俊有儿八人,是始为歌舞。"《山海经》中说的长琴和帝俊的八个儿子,是放在不同地区说的,显然是指的不同部落的人。再有一种说法还要早,说是始于三皇之一的葛天氏。据说他那时不仅有了歌唱,而且还有多人的载歌载舞。他们唱的歌,就是著名的"八阕"。看来歌唱始于何时,可能是一个永远难解的谜。

老子生平之谜

在我国的神话传说中被奉为太上老君和道德天尊的道教始祖老子,历史上确有其人。老子生活在距今2000多年前的春秋战国时期,是著名的哲学家、思想家、道家学派的创始人,死后六七百年,被道教奉为始祖。由于年代久远,加之又与宗教发生了关系,老子的生平便有些扑朔迷离,2000年来众说纷纭。

一、老子姓氏之谜

关于老子的姓氏,历来说法不一:一是"老"姓说:《庄子》一书中称他为老聃,并把老子视为前辈。持老姓者也有两种说法:有人认为"老"者乃尊称,汉代郑玄在《礼记·曾子问》的注中说:"老聃,古寿考者之号也。"三国吴人葛玄说他"坐而皓首,故称老子"。还有的人说:"老子老而隐,故自称老子。"另一种说法认为"老"应该是姓,古时有老姓。据《左传》记载,当时确有名叫"司马老佐"、"司徒老祁"的人;二是"李"姓说,《史记》说他"姓李,名耳,字聃"。为《史记》作索引的司马贞认为老子的母亲姓李,又说:"生而指李树,因以为姓。"但据学者考证，春秋时并无李姓。

二、《老子》之谜

《老子》(也称《道德经》)一书是否为老子所著？司马迁在《史记》中说，老子因为能够"修道"和"养寿"，所以活了160多岁，甚至200多岁，并说老子晚年弃官出走，途经函谷关，在那里"乃著书上下篇，言道德之意五千余言而去"，此说过于含糊。有人认为此书作于春秋末年，但书中有后人附加的部分。也有人认为从书中思想内容、文体风格及用词等，可以断定此书成于战国中期或者末期。1973年，长沙马王堆出土甲乙两种帛书《老子》，据考证为战国时期作品。这一考古发现验证了清代学者汪中、近代学者梁启超的论点，即《老子》的作者是战国时期的一位名叫太史儋的人，也即老子。这又与《史记》中的"或言二百余岁"相合，但把老子和太史儋说成是同一人在历史上也有不同认识。还有一种说法，老子确是春秋时人，他的学说思想流传到战国时，为太史儋所采纳写成《老子》。此说把太史儋和老子说成两个人。无论《老子》一书成于何时，著者是谁，如要探讨老子学说，只能以《老子》一书为依据。

三、老子归隐之谜

各种史料中皆说老子老年归隐，但隐于何处则众说纷纭：一种说法是他骑一头青牛，出函谷关西去。也有说是出散关，经流沙奔印度去了，并说老子到印度传教，教出了释迦牟尼这样的大弟子。历代不少人认为此说只是道教为了抬高自己贬低其他宗教而捏造出来的；还有一种说法则认为老子不是西去，而是东归。《庄子·天道篇》有一段记载，叙说了老子离职后便离开周室而"归居"了。老子的故乡位于今天的河南省鹿邑县，离孔子所在的曲阜不远。孔子还曾拜访过老子，也就是传说中的"孔子问礼"，这件事不论是在《庄子》、《韩非子》、《吕氏春秋》，还是在儒家著作《礼记·曾子问》中都有记载，说明老子退隐后东归的说法比较可靠。关于老子生平的疑案还有不少，如老子的寿命究竟多长，老子的故里是在河南还是安徽等，都有待于人们去考证。

 观世音性别之谜

一般来说，菩萨都是男性，但为什么观音菩萨又被称为"观音娘娘"呢，这个"娘娘"究竟是男是女？

观世音是我国汉族寺庙中常供的四大菩萨（文殊师利、普贤、地藏、观世音）之一。佛经称其为大慈大悲的菩萨，百千万亿众生受苦受难，只要虔诚念诵其名，"观世音菩萨即时观其音声，皆得解脱"，故名。唐人因避太宗"世"字讳而略称"观音"。据说观音诞生在夏历二月十九、涅槃日是九月十九，成道日是六月十九。我国著名的佛教圣地普陀山，相传是观音显灵说法的道场，几百年来一直"香火不断"。

在我国，观世音这尊佛名也许是家喻户晓、妇孺皆知的，人们习惯称其为"观音娘娘"。按理说，既称"娘娘"，那必定是个女人了。但是，根据一些佛家经典介绍，观音除了作为六观音、七观音、三十三观音等总体名称外，佛教中显教一派认为观音是阿弥陀佛的弟子，而密教一派则说观音是阿弥陀佛左右的二胁士。显然，不管是"弟子"还是"胁士"，都未肯定观音是个女性。目前流行的《宗教词典》认为："女相观音造像约始于南北朝，盛于唐代以后。"这恐怕是根据一般的佛像塑造演变而言的。在尚存的敦煌壁画中，北魏时期的观音佛像，秀骨清貌，体格刚健，并非女相。而把初唐与盛唐的壁画对照，则可看到，佛像渐趋"汉化"，穿上了微薄而略呈透明的裙衫，脸庞也逐渐丰腴圆润，呈富态状。时人以女子美的特点来刻画佛像，但还不是女相。《太平广记》记载："有一宦官，他的妻子无端为神所慑，昏迷不省人事。宦官便请了一尊观音菩萨，祈祷保佑。其妻夜梦一个和尚前来搭救，即观音菩萨。"由此可见唐人倒认为观音是个男性。宋代僧人法常画的《观音》绢图，画面上，白衣观音坐崖石间，大耳、面丰，略有胡

须，肃穆宁静，分明是个男子。

那么，认为观音是女身有无记载呢？也有。据《编年通信》载，南山道宣律师曾经问天神关于观音的缘起问题。天神告诉他："往昔过去劫有王曰庄严，夫人曰宝应，生三女，长曰妙颜，仲曰妙音，季曰妙善。"观音菩萨就是妙善公主。宋僧寿涯禅师《咏鱼篮观音》中，也用"金蔺茜裙"等语来描写观音的服饰。这样看来，观音又是一个女的。因此，宋以后的观音像大都是女相。不过，有人则对此十分不满，竭力否定"女人说"。明代文学批评家胡应麟在他的《庄岳委谈》中斥道："今塑画观音者，无不作妇人相。考《宣和画谱》，唐宋名手写观音甚多，俱不饰妇人冠服。""唐以前塑像亦不作妇人也。元僧简陋无识，以为妙庄玉女，可一笑也。"但胡应麟并未追根溯源，考析佛家经典，仅是通过画像辩解而已。这样，观音的性别仍是悬而未解的"疑案"。

正因为如此，当时有些文学、雕塑、绘画作品中的观音，便成了不男不女、亦男亦女的形象。如神话小说《西游记》中的观音菩萨，开口"贫僧"，闭口"弟子"，俨然男子口吻。然而，吴承恩描绘的却是这样一幅绝妙的肖像："玉面天生喜，朱唇一点红。""璎珞垂珠翠，香环结宝明，乌云巧叠盘龙髻，绣带轻飘彩凤翎。"像煞是个闺嫒。并在十二回描写观音显圣时，居然直言赞叹："九霄华汉里，现出女真人。"吴承恩这种"含糊"的手法，后继者颇有人在。近人马骀在其《画宝》书中，强调画观音法类同如来，似乎肯定了观音性别特征与如来无异。但在他的《仙佛图像画谱》中，《救苦救难菩萨》一画上的观音却是：鹅蛋脸形，双眉细长，下颔略厚，黑发披拂在两边耳旁。颈戴项圈，胸襟半袒，微露内衬。腕套对镯，双手交叉倚靠溪畔岩石，十指纤细……宛似一个正在沉思的女真人。

观音女相化的特点，在今保存下来的观音菩萨塑像上依然如此。因此，人们在兴致勃勃地游览普陀山后，或在香烟萦绕的观音菩萨像前瞻仰时，常常会发出这样有趣的疑问：观世音菩萨究竟是男人还是女人？

门神由来之谜

"门神门神骑红马,贴在门上守住家;门神门神耍大刀,大鬼小鬼进不来。"每到岁末,家家户户都要请两张门神回家左右相对贴在自家大门上,门神大多面目狰狞,形状恐怖,中国人认为他们可以把那些妖魔鬼怪阻挡在自己家门外,护佑家宅康宁。门神也因为与老百姓生活息息相关而成为民间最受信仰的神祇之一。那么门神是怎样产生的?他们的原型又从哪来呢?关于这些至今没有定论,主要有两种提法。

一种说门神来源于"桃人"。中国人认为桃树是"神树"、"仙木",可以避邪驱鬼。桃木剑可以杀鬼,佩戴桃木符可以避邪,而在门上挂上桃木人也可以让大鬼小妖不能进家,《典术》中就有记载:"桃者,五木之精也,故压伏邪气者也。桃之精生在鬼门,制百鬼,故今作桃人梗着门以压邪,此仙木也。"而桃人最早就据说是两位神仙——神荼、郁垒的化身。他们生活在上古时代,是帮助黄帝管理鬼国的部将。他们住在东海的排都山上,山上有一株树干茂密得可以覆盖3000里的大神树。在神树的东北方有一座鬼门,门两旁一左一右各站着神荼和郁垒,树下有一只凶猛的白虎。树顶上还站着一只金鸡,每天太阳从东边升起的时候,第一个照在它身上,金鸡便放声啼叫,声音传遍神州,天下的雄鸡也会跟着啼叫,把夜间在人间游荡的孤魂野鬼吓回到鬼门里。神荼、郁垒在门两边监视着那些回来的鬼怪。每到年末岁尾,他们便会在桃树下会审诸鬼。一旦发现有哪些在人间作怪的鬼怪,会马上把鬼怪喂白虎。因此,鬼怪最怕神荼、郁垒,哪怕是看见他们的画像、听见他们的名字都会马上逃走,所以人们便用桃木雕成两位神样挂在门边驱怪。而"金鸡"因为是司晨之灵,白虎是百兽之王,那些夜间活动的鬼怪都十分害怕他们,所以"帖画鸡户上"而使"百鬼畏之","画虎于门,么不敢入"。关于这种说法较早记载在《月令广义·正月令》上:"黄帝之时,神荼郁垒兄弟二人性能执鬼于桃树下。令人画其像于桃板,列于门户,书其名于下。"

到了汉代,春节挂新桃木人形成风俗,县官们常在除夕之夜,在内门旁用草绳悬挂桃木雕人,门上画上老虎,以抵御所谓的凶鬼。后来桃木人慢慢发展到在纸上画像,也就成了门神画。到了宋代,雕版门神画在北宋首都的汴京出现。

另一种说法来自于《三教源流搜神大全》上所记载:唐太宗李世民建立唐朝搬入新宫殿时,半夜三更常听到卧室外面有扔砖头瓦片的声音,后来还听见有厉鬼哭喊号叫。唐太宗于是请了很多和尚和法师来为他布法场,烧香念经降服冤魂。可是一点儿用都没有,宫门外的鬼魂越闹越烈,弄得他寝食不安。一次上朝时,他把这件事告诉给大臣们。大将秦琼奏道:"臣生平杀个人就像切块瓜,收尸体像聚蚂蚁,还会怕鬼魅吗?我愿和尉迟恭全副武装站在宫门外把守,把那些鬼魂赶走!"李世民同意了。这天夜里秦叔宝、尉迟恭手拿玉斧,腰系钢鞭、弓箭,把守在唐太宗的卧室外,果然一个晚上都没有听见任何声音。后来唐太宗为了免除他们二人每晚守夜的辛劳,便请来画师画了他们二人的全身像,悬贴左右宫门上,那些冤鬼作祟的事从此都消失了。这件事传到民间后,人们纷纷沿袭了这个办法,把两位将军的画像也当了门神,在《西游记》中有记载:"他们本是英雄豪杰旧勋臣,只落得千年称门尉,万古作门神。"他们也是民间流传得最广泛的。两个门神的神像样式也有很多,有坐的,有立的,有徒步的,有骑马的,有执金瓜的,有舞鞭的。后来,还有其他的武将的画像都被人们画成了武门神,如赵云、马超、薛仁贵、孟良、焦赞、杨延昭、穆桂英、岳飞等数十种。也出现了文官演化出的文门神,大多穿一品朝服或抱象牙笏板,或拿蝙蝠、马、宝瓶、鞍等吉祥器物。

门神的来历是什么至今仍然是个谜,但门神从其诞生之日起2000多年来,就傲立于千家万户的大门之上,抖尽了威风,至今不衰。

 中外历史文化悬疑大揭秘

 世界名画《拉·福尔纳里娜》是不是赝品

和画坛巨匠梵高一样,拉斐尔在他37岁的盛年突然死去了,这使他的崇拜者感到非常震惊。当时的舆论普遍认为,这位欧洲极负盛名的画家因深深堕入一位面包师女儿的情网而致死,人们纷纷谴责她使画家英年早逝。

拉斐尔情有独钟,生前对这位面包师的女儿倾吐了无限爱意,曾专门为她画了一幅肖像画,取名"拉·福尔纳里娜"。这在当时是第一幅袒露胸部的当代妇女肖像。拉斐尔死后75年,他的情妇的这幅画像首次在市场上出现了。为了使来客一睹为快且不感到难堪,主人特意在镜框上装了两扇门。几百年来,谁都没有怀疑拉斐尔这幅闻名于世的画像是赝品。可令人吃惊的是,最近几年来一直有人对这幅名画的真伪问题提出异议。意大利著名的修复文艺复兴时期绘画作品的专家和名作鉴别专家切利尼教授认为这幅肖像画是赝品,像他以前所发现的那些一样。他说,这幅画很可能是拉斐尔死后20年至30年由他人伪造的,甚至不是一幅根据拉斐尔的未完成之作或他的草图加以复制的。

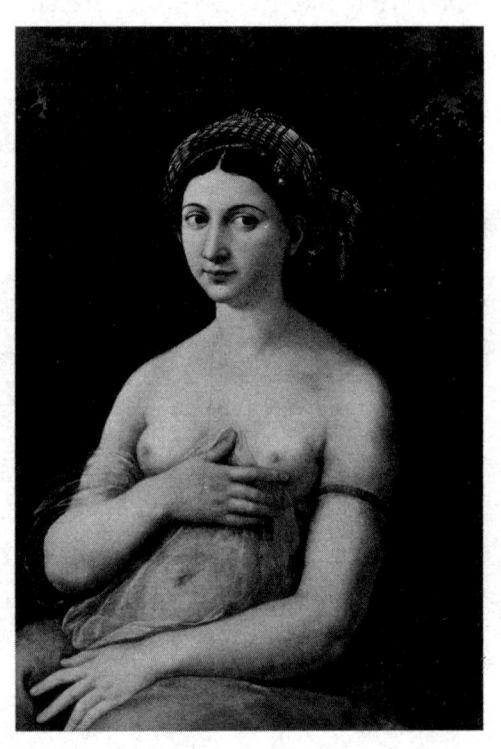
△ 《拉·福尔纳里娜》

切利尼的观点经报纸披露后，顿时引起了一场轩然大波，为弄清事物真相，佛罗伦萨埃迪德什美术作品研究所在1985年对这幅画进行了鉴别并委托著名专家毛里齐奥主持。据说鉴定的结果印证了切利尼的观点，所发现的疑点有四条：

一、如切利尼所说，该画系分两次绘成：戴在那女子左臂的镯子上有"拉斐尔·乌尔比努斯"的字样，可据说原来是"拉斐尔·乌尔伯斯"。乌尔比努斯和乌尔伯斯都是乌尔比诺的意思，是拉斐尔的家乡。该女子戴这样的"标记"是不可思议的，因为这与拉斐尔敏感多虑的特征格格不入。肖像的伪造者将拉斐尔的名字拼写于上，很可能是为了达到以假乱真的效果。

二、那女子鹅蛋形的脸上眼神放荡，18世纪英国作家认为她"根本算不上美，不是什么窈窕淑女"，倒是第一次初稿上的面庞看上去更自然些。此外，她的唇部不甚丰满，左臂也较瘦些。

三、事实上，该肖像画背景的两侧还有两条河、一座双拱桥和一座塔的废墟。经X光摄像片子分析，与其说这是佛罗伦萨，不如说它更像北部意大利。

四、该肖像画油彩未干时，上面曾留下至少8个指纹。鉴于目前还没有确凿的拉斐尔本人的指纹可以对照，这些似乎用处不大。但是，佛罗伦萨美术作品研究所正在用各种射线对拉斐尔那幅圣母马利亚坐在椅子上更著名的作品进行研究，并肯定地说：我们在这幅作品上也找到了指纹。如果两处的指纹相吻合，就会证实《拉·福尔纳里娜》确是出自拉斐尔之手，否则就说明它是一件赝品。

然而，不少学者和研究者仍坚持《拉·福尔纳里娜》是拉斐尔的真迹，切利尼等人的疑点毕竟只是一种猜测，不足以从根本上证实这幅名画是件赝品，何况佛罗伦萨美术作品研究所也没有进一步提供有说服力的证据，对一幅名作的真伪问题，应取慎重的态度。

世界上第一位女诗人是谁

世界上最早的一位女诗人是谁?有人认为萨福可以说是古代希腊、也是世界上第一位有史可查的女诗人。这一观点在西方似乎已成定论,我国不少专著也赞同此说。

萨福,据史书记载,生于公元前612年左右,这时正是希腊文化极盛时期,其诞生地是爱琴海上莱斯博斯岛的一个叫伊锐索斯的城市,6岁时随母迁移至岛上最大的城市密蒂林,并在那里定居。萨福17岁开始写作,

△ 萨福像

直到55岁逝世,著有诗集9卷,每卷有1000行以上。她的诗以抒情为主,风格朴素自然,感情真挚强烈,在古希腊备受推崇。古希腊人称她是"无与伦比的女诗人",就像人们称颂荷马为"无与伦比的诗人"一样,人们又称她为第十艺文神女,在古希腊神话中司艺文的神女共9人,那萨福即是第十诗神。苏格拉底也把她列入哲人之列。由于萨福在诗中歌唱自由,歌唱爱情和友谊,歌唱人类幸福,所以受到中世纪禁欲主义者的嫉恨,她的大部分作品都在中世纪被基督教会焚毁了,如今保留的只有两三篇较完整,其余都是断片,总共不到500行,仅及她全部著作的5%左右。

我们以为,这个观点值得商榷。其实,在我国第一部诗歌总集《诗经》里,已有女子所作诗篇了。南宋著名理学家朱熹在集注《诗集传》中就曾指出《诗经·鄘风·载驰》的作者就是女子,她就是春秋时代的许穆夫人。从

《诗经》中可知：《载驰》一诗因为有特殊记载，又加上诗歌的内容是可以确认的，因此称该诗作者许穆夫人是我国历史上第一位女诗人是客观的。从先秦的有关著作中可知，许穆夫人是春秋时卫国宣姜之女和卫戴公之妹，因为嫁给许国国君穆公为夫人，故有此称。纵观我国文学发展史上女诗人和女词人所作，大多描写个人身世、不幸遭遇、离愁别绪、婚姻不谐以及对婚姻自由的热烈向往、对幸福生活的强烈追求等，而许穆夫人早在2000多年前的诗作《载驰》中就为我们留下了一篇充满爱国激情的不朽诗章。

春秋时代，群雄并起，列国纷争。公元前660年，狄人伐卫，朝政不理、专好养鹤的卫懿公迅速失去民心，狄人大败卫师于荥泽，并诛杀卫懿公。与卫交厚的宋桓公连夜率师将卫国的败亡之众约5000人接到黄河边，居于漕邑，并立懿公之子戴公为君。第二年，戴公不幸而死，文公即位，不久又死。《载驰》一诗即作于许穆夫人返回漕邑吊唁卫文公期间。卫国的生死存亡已经到了紧急关头，许穆夫人毅然决定返卫吊唁兄长卫文公，并与祖国人民商讨对策。恰在这时，许国君主特意派大夫赶来劝阻。在古代，女子出嫁后一切都受丈夫家管束，毫无行动自由，况且她又是君之妻，处事更要慎重。她明白，倘若坚持返回卫国，则有违犯君命之罪，虽为君妻也有被杀的危险；如果回许，那又置危亡之中的祖国于何地？强烈的爱国之情，终使她坚定了返回祖国的决心：任何人任何力量都无法阻止我回到卫国去！从全诗来看，《载驰》和《诗经》中的许多优秀诗歌一样，已具备了诗歌创作的一些基本规律和特征，体现了她那高超的艺术表现技巧。这首动人心魄的爱国主义诗作，在当时就被广为传诵，所以被收入在《诗经》中。西汉末年，刘向在编《古烈女传》时，就曾专为许穆夫人立传，盛赞其"慈惠而远识"，对她倍加推崇。

那么，这一事实为何不被后人所重视呢？原因大致有两点：

一、《诗经》中各篇诗歌的作者，绝大部分都已不可考。一些贵族文人的作品，除少数在诗中偶尔留下名字外，大多数也无作者可考。汉代《毛诗小序》在解释各篇诗歌时，往往把诗说成是某王、某妃、某公以及其他历史人物所作，如说《关雎》是周文王后妃所作、《七月》是周公旦所作等，实

△ 萨福、法翁和小爱神

际上均不可靠。因此，即使是正确的记载，也会引起人们的误解。

二、有关《诗经》作者问题的研究，在我国一直是薄弱环节，至今尚无专文发表，没有引起人们的重视。翻开一些中国文学发展史专著或大学教材，均叙之不详，一笔带过，对许穆夫人更是略去不说。这样，自然不会产生影响。

可见，尽管萨福名震西方，但说她是世界上第一位女诗人，则与史实不符。因为经后人考证，许穆夫人约生于公元前690年，作诗的年份也在公元前660年左右，这比萨福早了将近80年，比萨福诗篇的问世也要早半个多世纪。从这个意义上说，我们认为：世界上第一位女诗人应该是中国的许穆夫人。亲爱的读者，你们以为然否？

 **安徒生是国王的儿子吗**

在一个万籁俱寂的月夜,海面浮出一位美丽的人鱼公主,她慢慢地游向海岸。她向往人的世界,爱上了人世间一位英俊的王子,毅然抛弃在海底能活300年的生命,服下了海巫婆剧烈的药物。她感到就像有一把利刃劈开了她纤细的身体,当即昏厥过去。待她苏醒时,在金灿灿阳光的映照下,她的鱼尾已变成了双腿。她发现自己的意中人——那位年轻美貌的王子正站在她的面前……

这个动人的童话使我们想起丹麦首都哥本哈根的海的女儿的雕像,也使我们记起《海的女儿》的创造者——安徒生。权威的传记作家们都确切无疑地告诉我们,这位举世无双的童话作家是1805年4月2日出生在丹麦富恩岛上欧登塞城中一间低矮破旧的平房里。他的父亲是一位迫于生计而整日忙碌的鞋匠,他的母亲是一位迷信的洗衣妇。由于童年贫穷的生活,安徒生梦想成为一位演员,因为那些平凡的人,一到戏台上就变成了威严的国王、娇艳的王后、英俊的王子和美丽的公主。献身表演艺术的愿望受到挫折后,安徒生强忍着巨大的悲痛开始了向文学高峰的攀登。他写出了《维森堡大盗》、《阿英索尔》等剧本,《阿马格岛漫游记》等浪漫主义幻想游记和《卡尔里克·克里斯蒂安二世》等历史小说。1835年他出版了第一本童话集,他在为深深理解穷苦孩子的生活而创造的美好、幸福和快乐的童话世界中找到了归宿。以后每年圣诞节他都出版一本童话,作为送给孩子们的礼物。这些礼物中有列入了世界不朽名著的《丑小鸭》、《卖火柴的小女孩》、《皇帝的新装》、《夜莺》等。他整整写了近40年,共发表了160多篇作品。安徒生成了丹麦人民心目中永久的骄傲。

然而,据权威传记作家们所提供的论证并未使丹麦人信服,据称1990年数百位丹麦人在安徒生的故乡欧登塞大学举行听证会,探讨这位童话大师的身世。一位名叫延斯·约根森的历史学家写了《安徒生——一个真正的童话》一书,声称安徒生出身王族,是丹麦国王克里斯蒂安八世和劳尔维格伯爵夫人的私生子。孩子出生后,王室把他"隐藏"在欧登塞的一位鞋匠,也就是安徒生父亲的家中。该书推论的根据之一是安徒生尽管出身低微,后来却打入了王族的圈子,出入于皇家剧院,还曾在皇家的宫殿阿马林堡里住过一段时间。约根森认为,一个鞋匠的儿子当时能够不进贫民院是难以想象的,只有受到王室的秘密资助才有可能。丹麦作家皮特·赫固也支持约根森的结论,他还提出了另一份资料加以旁证,一位海军上将的女儿亨丽艾特·吴尔芙于1848年曾给安徒生写信,信中提到过安徒生也发现自己是一位"王子"。

然而,令欧登塞大学听证会上的许多人不解的是,为什么安徒生在自传《我一生的童话》中只字不提,或多或少加点暗示呢?有的学者拿出了180多年前教堂户口登记册的复印件,那上面记载着安徒生1805年4月16日受洗礼的情况。登记册上清清楚楚地写着:"4月2日星期二凌晨一时,鞋匠汉斯·安徒生与其妻安娜·安德斯达特得一贵子。"

为了搞清这位世界著名大作家的出生之谜,丹麦著名历史学家塔格·卡尔斯泰德曾被允许查阅大量的克里斯蒂安八世的档案,其中包括这位国王的信件和日记。卡尔斯泰德称,档案表明,国王和贵族与一般平民妇女偷情的问题是存在的,而且十之八九会生下孩子。根据档案,这种情况发生后国王会给有关妇女写信,并寄钱给她们直至孩子长大成人。国王还为这样的孩子之一——挪威的福雷德里克·里德安排工作,让他掌管王室的狩猎活动。但在全部档案中,既没找到有关安徒生的材料,也没找到有关他的母亲安德斯达特的材料。

安徒生的出生至今仍是一个谜。

# 普希金的《一号日记》哪里去了

俄国近代诗人普希金是俄罗斯文学兴盛和发展的开拓者。1820年，普希金根据民间故事和传说写成的第一部长篇叙事诗《鲁斯兰和柳德米拉》，被看做是近代俄国诗歌转变的奠基之作。诗人短暂的一生，给后人留下了异常丰富的文学遗产，诗人生前的大量手稿现在基本上收藏在前苏联的"普希金博物馆"和"普希金故居"里。但令人费解的是，普希金的《一号日记》一直杳无下落，几十年来世界各地的专家学者和"普希金迷"们一直孜孜不倦地寻找着诗人当年的《一号日记》的踪迹，试图揭开覆盖在《一号日记》上的神秘面纱，使普希金《一号日记》之谜早日大白于天下。

△ 普希金画像

有关诗人普希金《一号日记》之谜首先是由诗人的孙女叶莲娜·亚历山大德罗芙娜·普希金娜引起的。1920年，侨居国外的叶莲娜突然向外界公众宣布：她祖父普希金生前留的一部分日记手稿现在正由她收藏着。1837年，诗人普希金在决斗中不幸身亡之后，人们在整理他的遗稿时，发现诗人一部日记的扉页上注明编号为第二号。所以消息一出，研究专家们把叶莲娜收藏的诗人当年的日记称为普希金的《一号日记》。

然而，诗人究竟有没有《一号日记》，普希金《一号日记》的真相如

何？国内外的普希金研究人士说法不一，孰是孰非，难以当断。

有人断然否定诗人普希金《一号日记》存在的可能性。前苏联一位造诣颇深的普希金学专家莫扎列斯基曾经十分坚决地声称："我愿用头颅作保，除了现有的日记之外，根本不存在普希金的其他任何日记手稿。"叶莲娜的外甥女纳·谢·梅泽卓娃亦赞同地说："叶莲娜舅妈根本不可能有普希金的日记资料，因为诗人当年留下的全部文稿都保存在诗人的长子那里，但我多年来从未听说过诗人写的《一号日记》。"叶莲娜的兄长尼古拉·亚历山德罗维奇则认为："叶莲娜凭空臆造出关于普希金《一号日记》一事，其目的仅仅是为了提高自己的身价和地位。"

但是，另有一些研究人士和学者专家认为肯定存在普希金的《一号日记》。著名普希金专家法因贝格在所撰的《失落的日记》一文中断言："普希金《一号日记》实有其事，而且认定目前正收藏在侨居国外的普希金后代手中。"

普希金《一号日记》这份手稿最早曾由普希金之子亚历山大·普希金掌管，尔后几经辗转又到了他的女儿叶莲娜手里。前苏联另一位著名的普希金学家戈富曼在《再论诗人普希金之死》一文中写道："诗人当年写作的《一号日记》将使人们全面了解导致普希金决意参加这场悲剧性生死决斗的所有事委真相，这些未公开的材料远比现在所掌握的史料更为丰富完整。"1923年，叶莲娜在给友人信函中还特别申明自己手中还保存着爷爷当年没有发表过的一部分日记以及其他一些手稿，这些资料根据她父亲的嘱咐，在诗人遇害100周年之前不得公开发表，公布于众，因为诗人在《一号日记》中提到及抨击的那些人至今还活在人世。为了使普希金留下的珍贵文稿不致流散各地，前苏联"普希金博物馆"和"普希金故居"的工作人员千方百计竭力寻找普希金的各种遗稿。但是，由于一直未能找到叶莲娜在国外的确切行踪，寻找普希金《一号日记》的种种努力始终一无所获，每每空手而归。

虽然，普希金《一号日记》的疑案没有令人信服的确切答案，但是时至今日，各界人士及其研究专家为此投下的热情仍有增无减，欲探踪索隐者还大有可为，覆盖在《一号日记》之上的神秘朦胧的面纱至今未能揭开。

 # 梅尔维的《白鲸》影射什么

《白鲸》是美国著名作家赫尔曼·梅尔维（1819～1891年）的长篇小说，1851年第一次出版。此书是作家根据其亲身经历写成的，但也涉及鲸类动物学和其他捕鲸者的冒险行为。

《白鲸》是作者用第一人称写的，故事叙述者是伊斯梅尔，他有时很像作者本人。伊斯梅尔受雇于一艘破旧捕鲸船"皮库特号"上，船长是阿哈。阿哈计划捕捉在以前航行中咬掉其一条腿的白鲸，以报仇雪恨。他拖着用鲸鱼下颌骨做成的假腿蹒跚而行。他的身体瘦长，像遭到雷击的枯树一般，他满身的伤痕是如何造成的，他的船员谁也不知道。

梅尔维写的这样一个故事究竟象征什么或寓意如何，长期以来却是历史学家和文学家争论的焦点。许多评论家称作品的主人公阿哈是普罗米修斯式的英雄，为人类献出自己的生命，并企图揭示善与恶之间的矛盾和奥秘。但阿哈更像莎士比亚戏剧中麦克佩斯或李尔王，拥有某种异乎寻常的意志和力量，但有时又十分脱离实际。他不可避免地会遭到挫折，然而他总是不屈不挠，一往无前。作为悲剧的英雄，他也毁灭了他的追随者。《白鲸》的戏剧性的净化作用不仅来自阿哈的英雄行为，而且也来自于最后时刻的自我意识。

但是，还有的文学家认为，《白鲸》所拥有的意义还要更加广阔和深刻。美国著名文学家评论家理查德·布罗黑德就是坚持这种观点的代表性人物。他认为，《白鲸》描述的人类的哲学是人类最基本的欲望，而不是爱情、野心或贪婪，更像是其他欲望——尤其是关于人类生存于大地的欲望，驾驭人类本身的欲望，不管当时的形势如何，人类坚持不懈地关心世界如何被约束和治理，阿哈是此种欲望的最明显的受害者。但阿哈的毛病是他不能

把局部的经验延伸到宇宙的复杂环境中——未能看到基本力量,未能看到疯狂。因此,阿哈所感到的欲望是如此不适宜,以致强烈地表现在各种情况下。当然,这完全是由作者构想的。而这种欲望又贯穿于全书之中,由思想变为实践。文学的能量是如此与哲学真谛之能量结合起来而扩散,以致使本书提出了一种世界的模式。

著名文学家莱昂·华德则另有自己的见解,他认为可以根据作者梅尔维的生平事迹,并从心理学或哲学角度来解释主人公阿哈的思想立场。故事的叙述者伊斯梅尔是从哲学角度来解释主人公的思想和行为的,认为阿哈是在精神不正常情况下,是以居心叵测的思想对付鲸鱼的,并把鲸鱼作为实现其思想的目标。从书中和当时作者写的信件中都可以得到故事叙述者和作者具有相同思想的重要证据。梅尔维在书中有意识地采用寓言并得出如下结论:对象征性的普遍规律的信念只是精神错乱的表象。他的合理的判断显然与霍桑一致:白鲸是自然界的野兽,它的罪恶是从阿哈的心灵中产生的。但是,此时,梅尔维个人的哲学并非是倒题的。梅尔维曾经说过:"所有人的悲剧式的壮观是如此通过病态而造成的。"重要之点是阿哈的病态,不管是清醒的意识,还是罪恶的情绪,都是其性格中的悲剧性的缺陷,而其性格指导他表现出具有破坏性的英雄行为。

△ 赫尔曼·梅尔维尔

也有人认为,小说的作者梅尔维拥有丰富的航海和捕鲸经验,所以描写船只、航行、水手的生活和性格,鲸鱼的身体构造和生活习惯,捕鲸的过程和危险,各地的风土人情等,样样都绘景传神,引人入胜。

梅尔维笔下的阿哈,认为白鲸不但是伤害了他身体的仇敌,而且应当对给他思想和精神上造成的一切痛苦负责。他认为白鲸是折磨人类的魔鬼的化

△ 《白鲸》电影海报

身,所以才下定决心不顾一切地同它斗争。因此,"皮库特号"捕鲸船远航太平洋之行,不但是非凡的航海冒险故事,而且是善与恶的宗教性的斗争,白鲸仿佛是撒旦的化身,阿哈好像是替天行道的悲剧式的英雄。但另一方面,阿哈又为个人复仇的意念所驱使,不惜牺牲全船人的生命和幸福去追逐白鲸,这也充分表现了他的独裁和专制。

尽管如此,作者梅尔维本人似乎并不赞成上述意见。在他给纳詹尼尔·霍桑夫人的信中拒绝承认,他有意识地写了寓意,只是由于明显的象征性的内容贯穿于全部《白鲸》之中,使人很难不作寓意性的解释而已。但其寓意是什么呢?每个读者都会有自己独特的发现,这也是人们对梅尔维这部名著不断进行探索的理由之一。有的人甚至认为阿哈是美国人心灵的化身,其意图十分明显,只是有时出现的恶劣的先入之见除外。不管梅尔维在思想上有无此种想法,他分担了阿哈的不幸,但是他的悲观主义并未得到19世纪大多数美国人的接受,因此,《白鲸》在20世纪之前并未得到广泛的承认。这确实是美国文学史上的一大疑团。

蒲松龄血统之谜

随着人们对《聊斋志异》及其作者蒲松龄研究的深入，学术界开始对蒲松龄的血统问题产生了争议。有人说他是汉族，有人说他是蒙古族，有人说他是色目人，有人说他是回族人，还有人说他是女真人，一时间难辨各说真伪。而参考各种典籍文献，至今也难以确定蒲松龄的血统到底为何。

有种说法认为蒲松龄是蒙古族人。《蒙古族简史》就肯定地说："蒙古族文学家蒲松龄，把采自民间的事编写成《聊斋志异》，借以反映社会现实，内容生动有趣。"持此看法的人又将蒲松龄自己作的《族谱序》作为此说的重要证据。在这篇序中，蒲松龄说："按照明初移民之说，不载于史，而乡中则迁自枣、冀者，盖十室有八九焉。独吾族为般阳土著。祖墓在邑西招村之北，内有谕葬二：一讳鲁浑，一讳居仁，并为元总管。盖元代受职不引桑梓嫌也。然历年久远，不可稽也。相传倾覆之余，止遗藐孤。吾族之兴也，自洪武始也。"从"般阳土著"、"鲁浑"、"元总管"等字眼中可以看出，蒲松龄的远祖鲁浑应是元代般阳路总管，不像汉人。

一说蒲松龄是回族人或回族人的后裔。有人考证历史，发现宋代时前来中国的阿拉伯人和波斯人的名字前面大多都有"蒲"字。他们都信仰伊斯兰教，其中的一些人即以"蒲"为姓。而"蒲"是阿拉伯语的汉译，是"尊者"、"父亲"的意思。到了元代，回族人中一些人仍然使用阿拉伯名，但是逐渐改用了汉名汉姓。他们根据这个来推断，认为蒲松龄的远祖蒲鲁浑、蒲居仁都是取其父名中的第一个字"蒲"为姓，而"蒲居仁"则为汉人的名姓，"居仁"正取自于《孟子》的"居仁由义"。

对蒲松龄是回族人的说法，后人提出了质疑。人们分析了《聊斋志异》，发现在这部作品中，蒲松龄毫无顾忌地提及了佛教、道教及俗话传说中的城隍、判官、阎王等内容，由此就可以判断蒲松龄绝不是回族人。回族与伊斯兰教的教徒只信仰真主，对于多神教的诸神是绝口不提的。另外，在《聊斋志异》中，蒲松龄说自己出生时，他的父亲曾经梦到一个佛教僧人托梦，并自称他的一生经历与僧人相似。可见，蒲松龄全家尊信的是佛教而不是回教，因此蒲松龄也就不可能是回族人。还有人亲自前往山东淄博采访了蒲松龄的同族人，从没有人说过蒲松龄是回族人。

还有说法认为蒲松龄是色目人。日本学者前夜直彬在《〈聊斋志异〉研究在日本》一文中，根据有关资料推断说："蒲松龄的远祖为元朝的般阳路总管，明初改姓隐身。"因而他断定，蒲松龄大概是色目人。此外根据元代的官制，担任路的总管的人大部分都是色目人，也有回族人和女真族人，从这一点也可以推测蒲鲁浑不是蒙古族人，而可能是色目人。

而有人在仔细研究了《金史》后发现，有的女真人的名字就是"蒲鲁浑"，而并不是姓"蒲"名"鲁浑"，也不是姓"蒲鲁浑"。也就是说，"蒲鲁浑"是金女真族习用的名字。根据这一点他们认为，蒲松龄可能是金女真族人。

蒲松龄纪念馆的工作人员则认为蒲松龄是汉族。这些工作人员仔细分析了《蒲氏世谱》第一篇《族谱序》，认为应该明确认定的是，蒲的祖先是"般阳土著"。般阳，是指汉朝时的般阳县，明洪武元年改州曰淄州，今天则是山东淄市。既然史料说蒲鲁库、蒲居仁也是当地人，且是当地的土著，那么他们就不会是蒙古族人，也不是什么色目人、回族人、金女真族人。蒲松龄写此《族谱序》时是康熙二十七年，修族谱也在这年，当时蒲松龄是49岁，因而可以判断这部族谱是可信的。

目前，越来越多的人倾向于蒲松龄是汉族这一说法，但还不足以证明他确实是汉族血统。

海明威自杀之谜

海明威是美国20世纪最伟大的小说家之一，1954年诺贝尔文学奖得主。他传奇般的个人经历、辉煌的文学成就以及惊心动魄的自杀方式使他引起了全世界的关注。

1961年7月2日清晨7点左右，海明威的妻子玛丽突然被两声关抽屉一般的重重的响声惊醒，她下楼后被眼前的景象惊呆了：海明威血肉模糊地躺在地上，半个脑袋已经炸飞，只剩下下巴、嘴和两颊的下半部。墙上、天花板上、地上溅满了头发、牙齿、骨头和血肉。当地警方现场勘察认为海明威是自杀身亡，是他自己把猎枪枪筒塞进嘴里，扣动扳机。

海明威自杀的真实动机始终没有定论，他在自己的遗嘱中是这样说的："我所有的希望已破灭，我那意味着一切的天赋如今已抛弃我，我辉煌的历程已尽，为维护完美的自我，我必须消灭自己。"但是，人们并不完全相信他自己对这一行为的解释。2000年7月，人们从一本新出版的海明威传记中窥见了这个谜团的冰山一角。这本传记的作者是肯尼思·林，他在书中明确指出，海明威在其成名后的很长时间里，一种我们今天所说的ED（勃起功能障碍）一直困扰着他，这种疾病严重地影响了他与几任妻子的关系和他相当一部分的家庭生活，ED造成的强烈的心灵痛楚更是他最终自杀的重要原因。

有一系列事实可以作为海明威在晚年是一个ED患者的佐证。海明威于1961年6月因为被医生认为患有"精神抑郁症"而被安排住进了圣玛丽医院的"自杀看护部"。通过医院护士的精心看护，他的精神状态有所好转，新的一轮电休克治疗重新唤醒了海明威的性欲。他向罗姆医生抱怨说欲火难耐，罗姆于是立即打电话通知海明威的妻子玛丽前来。玛丽高兴地赶到海明威就诊的医院，与丈夫度过了一夜。但事后据玛丽说，那一晚"双方都没有完全满足"。玛丽在其后几个晚上再也没有与海明威同房。

据罗姆医生后来回忆，海明威曾多次要罗姆在他面前发誓，永远不要将自己患有ED病的真相告诉世人。海明威与前几任妻子的分手，好像也可以旁证海明威患有ED症。在1961年6月，海明威与玛丽又经历了一次失败性的尝试之后，深深地对自己的ED症感到绝望，认为只有将自己的肉体消灭，才能维护自己的尊严，因此，海明威的自杀之举存在着一定的内在必然性。

纵观海明威的一生，我们可以发现，在相当长的时间里，他的生活和创作一直都和ED对他的影响有密切的关系。ED首先将他的人格扭曲了，继而这种人格的扭曲又被带入了他的行为和创作中，最终彻底毁灭了他。在当今时代，有人因为ED而自杀是一件让人难以想象的事情。人们不再会偏狭地认为自己会因为ED而丧失尊严，不会觉得ED可以将全部的生活摧毁。不仅如此，人们还有足够的机会获得帮助，还有足够的手段克服ED，而海明威那个时代，这一切是不能办到的。

人们注意到一个奇怪的事实：海明威的父亲于1928年自杀身亡，而且所用的也是这支猎枪，两者的自杀方式也十分相似。人们认为海明威的自杀在很大程度上是受到了父亲的消极影响。海明威在30年代的小传里提到："自杀，就像运动一样，是对紧张而艰苦的写作生活的一种逃避。"

海明威在生活中一直给人以"硬汉"的形象。当年他在意大利前线开救护车时，曾经身中200多块弹片。1954年1月去非洲旅行打猎，所乘飞机两度失事，他又身受重伤。此外，他还患有多种严重疾病，可谓百病缠身。就是在这种情况下，他还坚持写作并不断有精品问世。也很有可能因身上旧伤颇多，百病缠身，精神忧郁，导致最终轻生。

玛丽后来道出了海明威自杀的原因。父亲的死给他的影响是巨大的，海明威越是想摆脱这一阴影，越感到父亲的影响挥之不去。他在心中不止一次勾画过富于诗意的自杀方式：从夜航的轮船上投身于茫茫大海，有时又认为自杀最有效的方式就是直接把枪筒伸进嘴巴里。他的内心深处充满了渴望自杀与极力抵挡这种想法的矛盾与痛苦，在这种煎熬中，最终精神崩溃，彻底走向死亡。

中外历史文化悬疑大揭秘

玛丽莲·梦露死亡之谜

玛丽莲·梦露,全世界最著名的性感女星之一,也是美国前总统肯尼迪最钟爱的情人。她在最风光的时候香销玉殒,经过40年,历史学家才通过大量调查和核实,破解了梦露的死亡之谜:她是被谋害致死,而且与肯尼迪总统有直接关系。

20世纪50年代,漂亮的玛丽莲·梦露以激起情欲的体形及其淡黄色的金发而举世闻名。尽管她在一系列影片中表现了出类拔萃的表演才华,但由于摆脱不了"美丽而愚蠢"的形象,渐渐陷入了不能自拔的痛苦

△ 玛丽莲·梦露

中。1962年8月5日清晨,玛丽莲·梦露的女管家发现她在刚购置的房中离开了人世。她的私人医生断定她死于凌晨3点40分。洛杉矶的验尸官后来说,她的死是因为"过量用药,是急性巴比土酸盐中毒"。

梦露去世前几天,她的医生给她开了一种烈性的安眠药巴比土酸盐。因为在这之前,她由于未能担任一个电影角色而感到有些压力,并且有点心神不安,但很快就恢复正常了。尽管她以前曾试图自寻短见,但玛丽莲·梦露之死出现了许多自相矛盾的地方,使自杀之说令人生疑。而且,验尸官和毒物学家的报告也有分歧。验尸官在梦露去世的当天说,她胃里没有任何药物,但毒物学家证明,在她血液及肝中存留着巴比土酸盐的残迹。病理学家

得出的最终结论是：这位女演员可能死于注射过量的巴比土酸盐。这又提出了另一个问题，验尸官在报告中根本未提到遗体上的注射痕迹（但是，梦露的医生也许在她去世前一天给她打过一针）。

梦露一直向一名精神病医生求医。这位医生说，她去世前一天很沮丧，但是那天见到过玛里莲·梦露的许多人却说，她那天情绪很好，没有什么烦恼的表现，这显然说明不存在自杀的动机。虽然传闻她有间歇性吞食药物的习惯，但梦露没有失控的征兆。

她的爱情生活或许同她的神秘之死有关。她生前同肯尼迪总统的兄弟——美国司法部长罗伯特·肯尼迪有不正当的关系，在这以前她同肯尼迪总统也肯定有过幽会。罗伯特·肯尼迪显然希望结束他们之间的关系，以便不暴露任何丑闻。谣传罗伯特·肯尼迪与其政敌吉米·霍法都在梦露房间里安装了窃听器，吉米·霍法正在寻找泄密录音带，以便攻击肯尼迪。

此外，梦露在同这位司法部长私通期间流过一次产。在她生前最后几周，据说一再试图给在哥伦比亚特区司法部的罗伯特·肯尼迪打电话。作家诺曼·梅勒推测是秘密代理人杀害了梦露，以便掩盖肯尼迪兄弟的不光彩行为。作家托尼·西亚卡在其《谁杀害了玛丽莲》（1976）一书中，也提出了这一观点。另一说法是，古巴人杀害了梦露，破坏美国中央情报局操纵的黑社会谋杀菲德尔·卡斯特罗的计划，其目的是打击肯尼迪家族。新闻界常常把梦露之死归咎于社会的罪恶，说她无法承受好莱坞把她树为典型性感魅力之偶像的宣传，因而在年仅36岁时被迫自杀。

人们怀疑她的死是有人背后做了手脚，因为她的死因真相的一些重要的证据失踪了，其中有关于她死的第一份警方报告，第一份尸体解剖报告和一些她个人的长途电话记录。

1982年，美检举机构曾对此案重新进行调查，但因证据不足无法立案。米纳尔正是那时开始了梦露死因调查的工作，并在梦露的心理医生拉尔夫·格林森那一字不差地听写下了一段梦露进行心理治疗时的录音。米纳尔向《洛杉矶时报》透露说他听录音是为了调查当时梦露的精神状态，但事实证明以当时梦露的表现判断，她完全没有理由自杀。

在录音中，梦露希望格林森医生能帮助她化解数年来的心结。录音中提到她对自己身体的审视、她与两任丈夫的失败婚姻以及她对克拉克·盖博以及弗兰克·辛纳特拉等明星友人的感情。录音中她也自曝了与女明星琼·克劳馥的同性恋情，但称她并不喜欢这段关系。

虽然在生前一直有传言说她与当时美国总统肯尼迪有关系，但录音中并没有相关证据，不过录音证实了她与总统的弟弟罗伯特·肯尼迪的恋情确有其事。

米纳尔在获许听录音带时曾保证绝不透露录音内容，但在格林森医生去世几年后，他就打破了自己的誓言，对此米纳尔没有及时给出解释。

出版梦露传记的英国作家马修·史密斯表示米纳尔的话是可信的。梦露并非死于自杀的说法也得到了现年91岁的专栏作家詹姆斯·贝肯的支持。他称在梦露死前几天曾见过她，那时她虽然酗酒、情绪不稳，但是她却告诉他她将要去墨西哥，因为她认识了一个墨西哥男朋友，还告诉他一些她购买房屋和家具的计划，看起来很兴奋。

肯尼迪总统的妹夫彼得·劳福德在弥留之际接受了一次临终采访。他说罗伯特·肯尼迪与梦露之间没有任何瓜葛，但他最后补充的一句话发人深省："即使梦露与肯尼迪兄弟间确有其事，我也不会说的。我不会，也不能说。"

后来，米纳尔向《花花公子》杂志透露了当年梦露的录音带中不为人知的秘密。据这位前检察官表示，原来梦露当年与好莱坞许多女星一样沉浸在灌肠剂带来的快感中不能自拔，只有灌肠后她才能感受到性刺激，于是，梦露经常在与情人激情时玩起灌肠游戏。而梦露去世的当天，她的体内灌入了过量的耐波他（戊巴比妥钠）。然而，这位检察官坚决不相信梦露是死于灌肠剂过量，他说"这种流动的液体一旦进入体内就会被人体吸收，而灌肠的人就会变得神志不清甚至昏迷。梦露死后体内残存的灌肠剂很多，按常理说，她应该在灌入后就昏迷了，没有时间再灌入那么多。"显然，梦露的死亡之谜还是没有解开。

 敦煌藏经洞封闭时间之谜

举世闻名的敦煌莫高窟位于甘肃敦煌鸣沙山下，它是中国最大、最著名的佛教艺术石窟。莫高窟又叫千佛洞，现存石窟492个，壁画总面积约4500平方米，彩塑像3000多尊。在敦煌莫高窟南区洞窟的北端，有一座"三层楼"，它与下寺的西门相对，包括下、中、上三层的三个洞窟，从下而上是第16窟、第365窟和第366窟，在第16窟长甬道的北壁上有一个小窟，即第17窟，这就是举世闻名的藏经洞。清光绪年间，一个姓王的退伍军人，到敦煌石窟去当道士，雇了一个姓杨的人，在第16窟的甬道间替他抄写经文。杨某吸旱烟，用一种芨芨草燃火，经常把多余的芨芨草插在壁上的裂缝中。有一次他发现这个裂缝很深，就用手去敲敲这堵墙壁，觉得是空的，他告诉了王道士。王道士与杨某半夜里起来，打开了这堵墙，里面却还有一重门，原来其中还有一个小窟，塞满无数古代写经等珍贵文物。此事不胫而走，敦煌藏经洞就这样被发现了，敦煌学随之兴起，学者们纷纷探讨藏经洞封闭之谜。

关于藏经洞的封闭年代，流行的说法则是以法国学者伯希和的意见为依据的。20世纪初，伯希和在藏经洞内盗去了大量经卷，并进行了细心研究。伯希和在《敦煌石室访书记》中说："洞之封闭，必在十一世纪之前半期，盖无可疑。以意度之，殆即1035年西夏侵占西重时也。"这一说法很有影响，夏鼐先生的看法就与其有不谋而合之处。伯希和认为，藏经洞中遗书题记最晚的纪年是宋太平兴国（976年至983年）和至道（995年至997年），全窟遗书中无一件西夏文卷子。据此再联系西夏曾占据敦煌的历史，伯希和将藏经洞的封闭定为西夏占有敦煌之前，即他所说的1035年前，伯希和曾长期待在藏经洞中，拣选盗窃遗书，他自称："洞中卷本，未经余目而弃置，余敢决其无有。"故对其说，人们多深信不疑。

其实，就敦煌遗书中最晚的纪年而言，并非如伯希和所说没有11世纪的。被鄂登堡（俄）劫去的一个卷子，纪年题记是曹宗寿宋咸平五年（1002年）。在没有明确纪年的卷子里有的可能比咸平五年还晚。藏经洞内的确未发现西夏文字，然而此即肯定藏经洞在1035年前封闭，则未必妥当。因为西夏未创文字之前，使用汉文和藏文。

李元昊大庆元年（1037年）才创西夏文字，而且敦煌地区主要是汉族，这样西夏文字在敦煌的流行时间就相当晚了。在《关于敦煌藏经洞的几个问题》一文中认为，藏经洞遗堂能历经900来年不被发现，是因为藏经洞封闭之时，第16窟甬道南、北壁全部重新画一层壁画，因而看不出壁画下有封堵洞窟的痕迹，毫无破绽可寻，而且，"这次重画和封闭藏经洞应是同时进行的"。同时，"这层重绘壁画，根据我们对西夏洞窟的调查与排年分期，应该属于西夏早期"，也就是说，这层壁画应是在西夏据有敦煌以后才画的，"藏经洞的封闭，自然与之同时，而不能在西夏据敦煌之前了，而是在西夏占据敦煌之后的某个时期"。

据考古的科学方法测定，第130窟表层壁画与第16窟甬道北壁（藏经洞所在）的表层壁画属同一时期，现在既然已得知第130窟表层壁画的时间在曹宗寿当权期间，即可证明藏经洞封闭的年代"就在此时或稍前了"。1002年曹宗寿杀其叔后篡位，不久遭西夏进攻，迫不得已隐藏了大批寺院佛经及各类官府文书，并在藏经洞上重绘了曹氏晚期流行的壁画，藏经洞因此被封闭了。

根据上述可见，似乎是"揭开了敦煌藏经洞封闭的时间及原因之谜"，但藏经洞封闭的年代究竟是在曹宗寿当权期间呢，还是在"稍前"呢？仍是模棱两可，因而藏经洞封闭之谜仍未彻底解开。

最早的《圣经》中译本始于何时

现代科学证明，《圣经》是一部珍贵的历史文献，主要内容是关于世界和人类起源的传说，反映了人类的心理演变过程，其中洋溢着鲜明的生活气息，是世界古典文学宝库中的璀璨明珠。

自19世纪中叶以后，《圣经》越来越受到研究学者的重视。根据世界性的联合圣经会统计，到1984年底，共有1808种语言的《圣经》版本。其中《圣经》全文有109种非洲语言，90种亚洲语言，55种欧洲语言出版。在中国也流传着大量的方言译本，然而，最早的《圣经》中文译本究竟始于何时呢？

1807年9月8日，第一个基督教新教传教士马礼逊到达了广州。他在《回忆录》中讲："英国伦敦会给他的任务是要通过各种手段在中国获得传教的立足点，也许有幸可以编一本汉语字典……或更有幸地能翻译《圣经》。"在漫长的10多年艰苦生活中，马礼逊努力于译述《圣经》与撰写布道文字，雇工刻版印刷，刻成的有《使徒行传》、《神道论》、《救赎救世总说真本》、《问答浅说》、《耶稣教法》等书。1814年，《新约》全书译成并在广州印刷了2000部。以后又与英国传教士米怜合作，译了《旧约》中从《申命记》到《约伯记》的那几篇。1819年，《旧约》连同《新约》在马六甲正式出版。1824年，他回到英国，把中文本《圣经》呈献给国王乔治第四，国王对这位绅士卓越的成就表示了他的高度嘉奖。

这部《圣经》中译本曾对近代中国起过不小的影响。宗教戒律仪式在后来的太平天国革命中被改造成相当完备的革命军队所需要的严格纪律，如洪秀全把摩西"十诫"改成"十款天条"，太平军奉此为"初期的军律"。马礼逊的《圣经》中译本被后来的一些论著视为中国最早的《圣经》中译本，是后来各译本的基础。然而早在马礼逊之前，就已有人从事过这项翻译工作了。马礼逊来华前，曾由广东人杨善达指导学习中文，同时他在伦敦博物院里找到一本不完全的中文《新约》，曾小心地誊写过。这本残缺的《新

△ 死海古卷

约》，未署译者姓名，后来他在翻译《圣经》时，曾把它作为根据。

据徐宗泽记载：18世纪初耶稣会士贺德泰就曾用官话译过《古新圣经》，章节与拉丁文《圣经》不全相同，称其译得"文欠渊雅"，可惜未付梓。此书是否即马礼逊见过的残缺的《新约》，尚不敢断定。

王治心的《中国基督教史纲》又揭示了另一个与马礼逊译《圣经》几乎同时或略早的例子。一位热心研究中国文字的英国人名叫麦西门，出生于澳门。他向懂得中文的阿美尼亚人拉萨学习中文，1806年到达印度西孟加拉邦首府加尔各答，在一位中国的天主教教士和一位来自北京的中国人帮助下开始《圣经》的译述工作，于1811年完成了翻译。

综上所述，马礼逊翻译的《圣经》虽非最早的中文译本，但也称得上出版最早的《圣经》中译本了。然而，最近出版的马祖毅的《中国翻译简史》提供的若干例子，使我们对最早的《圣经》中译本究竟始于何时，增加了新的困惑。此书指出：崇祯八年至十年之间（1635年至1637年），传教士艾儒略有《天主降生言行纪略》一书，初刻于福州，附有木刻画像，又名《出像经解》。据查核此书资料多取自《新约》，是《圣经》最早的汉文节译本。他还有《旧约·创世纪》的节译。1888年，这些译本均被编入《道原精萃》一书中。因此，《圣经》中译本究竟始于何时何人，又需要人们去探索了。

古罗马进行角斗的目的何在

公元前80年左右，古罗马创建了用两个半圆形剧场相对而合成的圆形剧场以供角斗这种活动之用。罗马大角斗场是所有圆形剧场中最大的，位于罗马市中心东南。公元前72年，古罗马帝国的韦斯帕西亚诺国王为了纪念征服耶

△ 大角斗场

路撒冷的胜利，强迫数万名奴隶，在奠尔西亚山谷尼禄皇家花园里的人工湖上经过10多年的建造，建成了这座雄伟壮观的大角斗场。

古代罗马是一个残忍的社会，其残忍的重要特征之一是风行野蛮残酷的、充满血腥的角斗比赛。奴隶主驱使受过专门训练的角斗士，手持剑、匕首和三叉戟，在角斗场上互相拼死格斗，或者强迫角斗士与饥饿的猛兽厮杀。当时的罗马市民也变得异常残忍，以欣赏流血为乐，当一批批角斗士血染黄沙，躯体被猛兽撕裂之时，他们不但不感到厌恶憎恨，反而发出一阵阵欢呼。

公元前264年，在罗马广场，布鲁图兄弟在父亲的葬仪上组织了三对角斗士的格斗，这是罗马第一次有记载的角斗表演。以后民间私人举行的角斗的规模逐渐扩大，方式不断翻新。

公元前216年，在罗马已有22对角斗士参加比赛；公元前186年，从非

洲运入了野兽；公元前183年，角斗人数增至60对。在罗马征服地中海世界、成为一庞大的帝国后，角斗之风开始盛行，并且在长达两三个世纪里风行不衰。

公元前65年，恺撒为其父举行葬礼，用了320对角斗士和犯人，强迫他们同野兽搏斗。奥古斯都在位时举办的角斗，8个不同赛场上有5000对角斗士进行格斗。公元52年，皇帝克劳狄将19000千名角斗士分成两支舰队，在罗马附近的一个湖面上展开了战斗。

公元80年，可容纳87000人的罗马大圆形竞技场举行落成典礼，角斗比赛持续一百天，其中有一天，3000人进行格斗。公元108～109年，皇帝图拉真为庆祝征服达西亚，持续进行了123天的角斗比赛，有9138名角斗士参加了格斗，11000只动物被杀。

古罗马各地角斗风气很盛，每个较大的城市都建有角斗场，大的至少能容纳50000观众，不知有多少人惨死在那里。古罗马人为什么爱好观看这种极其残忍的娱乐呢？

有关学者认为这种做法是罗马人从邻近民族伊达拉里亚人那里学来的。他们进行角斗极有可能与祭祀和宗教活动有关。古罗马人相信死者可以用血来赎罪，因而在葬礼上人们要杀战俘和奴隶祭祀祖先。但是有人持反对观点，他们认为这种说法理由似乎不太充分，因为古代具有罗马人这种迷信观念的民族是很多的，但在角斗风行的时候，它已经失去最初的宗教意义。

有人说，罗马贵族和皇帝为了个人的目的煽起了角斗之风。有些贵族为了光耀门第，有些政客为了捞取名望，以便在竞选中获得更多选票，都竞相打破早先的限制，扩大角斗规模，增多比赛次数，延长比赛时日。有时皇帝也把角斗比赛作为施展淫威的场所。皇帝克劳狄有一次对竞技场舞台设计不满，就命令建造舞台的工匠格斗；皇帝卡里古拉有一次发现参加格斗的犯人不够，便下令逮捕一些平民，作为犯人与野兽格斗。

也有人提出这种角斗行为与古罗马的政治有关。古罗马人的政治活动场所主要有三种：元老院、浴场和角斗场。元老院与政治有直接的关系。而当时有些浴场规模很大，里面除浴池外还有议事的场所和图书馆。然而，角斗表演也与政治活动关系密切，有野心的贵族为争取更多的人支持他们，就以举办角斗来讨好罗马平民。

还有人认为角斗是罗马帝国统治与教育的需要。西塞罗就说过："角斗是一种良好的教育，它能培养沉着、勇敢和视死如归的精神。"在"和平时期"，罗马帝国内部的核心地带实际上已与战争相隔离。为了保持罗马的战斗传统，罗马人在城市和乡镇建立起人工战场作为公共娱乐场地。在这里举行角斗比赛，有助于对后方的男人、妇女和孩子们反复进行勇敢和善战的现场教育，使孩子们懂得被打败的人将会得到怎样可怕的结果。由于每次角斗比赛，总有许多战俘、奴隶、犯人被打死，因此，它与执行一次公开的死刑差不多。它对罗马的公民、属民和奴隶起一种杀一儆百的作用，谁敢反叛或出卖他们的祖国，谁将得到同角斗士同样的下场。

也有人认为，罗马风行角斗在于传统。如罗马人喜欢血，就渴望经常举办流血的角斗比赛。还有人说，原因可能在于群众的社会心理方面，那就是一种把它作为一种特别方式的安慰，可能产生与攻击者的胜利相一致，而不会与失败者的痛苦相一致的心理状态。

此外，也有人提出古罗马角斗的根本原因是奴隶制度。奴隶制度把人不当人看待，对奴隶、战俘、犯人任意折磨和杀戮。奴隶制度还制造了大批破产的农民，他们拥入城市，沦为流氓无产者。这些人视劳动为耻辱，整天无所事事，不劳而获，是社会寄生虫。但他们却是全权公民，握有选票，因而在政治斗争中居于举足轻重的地位，统治阶级在权势斗争中需要他们作为支柱，于是就采取高压和引诱两手对付他们，使他们在日复一日欣赏角斗流血的过程中日益堕落、沉沦，成为对统治者俯首帖耳的工具。

如此残忍的角斗在古罗马表演一直延续到公元前6世纪才得以停止。那么，古罗马进行角斗的真正原因到底是什么呢？其实无论原因如何，古罗马的角斗场给人们留下的惨不忍睹的阴影是永远洗刷不掉的。

突厥人崇拜狼之谜

突厥是中亚民族的主要成分之一。突厥人最初大约居住在今叶尼塞河的上游，公元5世纪被亚洲北部大国柔然所追迁至阿尔泰山的南面。公元5世纪，突厥人成为柔然的种族奴隶，被迫迁居于金山（今阿尔泰山）南麓，并于公元6世纪初获得独立，随后征服中亚。公元552年突厥打败柔然，建立起幅员辽阔的突厥汗国，势力迅速扩展至蒙古高原，之后，又使国土西抵波斯帝国边境。突厥汗国后来分为东、西突厥和后突厥。

11和13世纪，西突厥人中的塞尔柱和奥斯曼两支部落先后迁徙到西亚，分别建立起庞大的塞尔柱帝国和奥斯曼帝国。突厥人当在崛起的时候，军旗上曾经绘有金色狼头，号称狼旗，并以狼作为他们的图腾。

"图腾"一词来源于印第安语，意思为"它的亲属"、"它的标记"。在原始人信仰中，认为本氏族人都源于某种特定的物种，大多数情况下，被认为与某种动物具有亲缘关系，于是，图腾信仰便与祖先崇拜发生了关系。在许多图腾神话中，认为自己的祖先就来源于某种动物或植物，或是与某种动物或植物发生过亲缘关系，于是某种动、植物便成了这个民族最古老的祖先。他们崇拜本民族的图腾，并以它作为本氏族的名称和标志。这便是人类最古老的宗教形式之一——图腾崇拜。

但是，突厥人为什么选择狼这种凶悍的动物来作为自己的图腾呢？

据《周书·突厥传》的相关记载，突厥人选择狼作为本民族的图腾有两个传说。

第一个传说认为突厥人本是匈奴人的别种，姓阿史那。但是后来，这个匈奴部落被邻国所占领，整个部落的成员尽被杀戮，唯独剩下一个10岁的小男孩，士兵们不忍心将其杀死，于是就把他的双脚砍掉，之后就把这个小男

△ 突厥人

孩丢弃在草丛灌木林中。后来幸运的是，有一条牝狼出于怜悯，用肉饲养这个男孩，使男孩得以长大成人。之后，男孩与牝狼同合，牝狼还怀了子。邻国的国王听说当年那个小男孩还活着，于是再次派人去杀掉他。当杀手来时看见狼正在旁边，便想将狼一并杀死，但狼却逃走了，来到高昌国的北山。山上有一个草木丛生的山洞，于是，狼在洞里产下了10个男孩。他们长大后，在外面娶妻成家，后代各有一姓，阿史那即其中之一。

第二个传说，突厥人的祖先原是在匈奴之北的索国，部落首领名阿谤步，有兄弟17人，其中一个兄弟叫伊质·泥师都，是母狼生的。阿谤步等人生性愚痴，所以败落下去。而泥师都由于感受到特别的灵气，能够呼风唤雨。他娶了两个妻子，分别是夏神和冬神的女儿。有个妻子一胎生了4个男孩，大儿子由于关心同部落人的疾苦，多方予以周济，被大家奉为君主，国号为"突厥"。

虽然以上两个传说的内容有所不同，但却都认为狼就是突厥人的祖先。其实，在某些古代民族的传说中，也有狼被描述成热心抚育人类幼儿的善良动物，甚至有被视作他们的祖先而加以顶礼膜拜的记录。那么，突厥人究竟为什么把狼作为图腾进行膜拜？这个问题估计只有突厥人的祖先才知道原因吧。

中外历史文化悬疑大揭秘

犹太教为何具有那么大的凝聚力

犹太人是一个历史悠久的民族。从民族宗教上讲，犹太人原来是居住在阿拉伯半岛的一个个游牧民族，最初被称为希伯来人，意思是"游牧的人"。后来大概在公元前11世纪的时候，他们来到了巴勒斯坦和埃及，并且建立了以耶路撒冷为首都的以色列国家。再后来以色列国家一分为二，分裂后的北国（以色列地）和南国（犹太地）也在公元前722年和公元前586年先后亡于亚述帝国和巴比伦帝国。北方的以色列王国的居民被放逐，不知所终。南方的犹太人多次被掳离开自己的家乡，分散在外邦各处，史称"第一次大流散"。这以后，许多犹太人逐渐又重新回到以色列地。虽然不再是一个独立的国家，而且又多次被外族征服，如希腊、罗马帝国等，但大多数时候犹太人基本上还可以保持一个相对独立的"自治省"的行政体制，甚至一度强大到成为附庸国的地步，但多次的被征服经历使更多的犹太人分散到世界各地。

之后的1800多年，犹太人一直过着在世界各地漂泊的生活。在基督教占统治地位的欧洲，犹太人又经历了一次次的宗教迫害事件，不少犹太人又成为捍卫犹太教的牺牲品。1091年，十字军东征攻下耶路撒冷，将城内的犹太人全部杀害。到1267年，整个耶路撒冷只剩下犹太居民。更为悲惨的是在二战期间，纳粹德国对犹太人实行惨无人道的大屠杀，致使600万犹太人惨死在纳粹德国的屠刀之下和毒气室中。由于犹太人屡遭厄运，2000多年来人口没有增加多少，现在整个世界上也只有一千五六百万犹太人。

尽管现在犹太人所处的地域以及所讲的语言各不相同，但是他们也依然都信仰着犹太教，坚信自己就是犹太人。那么，犹太人遭受过这么多的悲惨经历都没有磨灭他们的坚定意志，是什么原因使他们的犹太教拥有如此强大

的凝聚力的呢？

有的学者认为犹太教之所以没有在历经多重苦难之后依然凝聚力不减，是因为犹太教是越受压力大越凝聚力强的宗教。犹太教正是在放逐巴比伦期间定型的，犹太先知们为防止民族解体制定的教规律法只有在危难关头才能迅速渗入信徒们的心灵深处。因此，在后来不论是受到什么宗教迫害还是外族的镇压，都没有丝毫动摇他们坚定的意志和信仰。

△ 位于耶路撒冷的哭墙

但是有人对此提出反对意见，他们认为在欧洲有一部分犹太人由于宗教压力而被迫改变了宗教信仰，所以，环境宽严与犹太教的兴衰及凝聚力的强弱究竟是什么关系，一时还难以说清。

还有人认为是犹太教士的灌输教育起到了很大的作用。在犹太人被流放期间。犹太教士建立了很多教堂，教士们对犹太人进行精神指导，并且制定了戒律来控制犹太人的生活方式，如不遵从就会受到惩罚。但是这种清规戒律是有史以来许多宗教的共同特征，中世纪时期的天主教受到的压迫虽比犹太人还要厉害，但是他们的凝聚力却并没有因此而有所加强，反而倒是逊色了不少。

那么，犹太教显示出来的强大凝聚力的奥秘究竟在哪里呢？这个问题一直成为人们深感迷惑、争论不休的话题。

 萨满巫师为什么会改变性别

萨满教起源于亚洲的北部、西伯利亚和爱斯基摩地区，是一种原始宗教。萨满教巫师们通常都手拿一支木杖或木棒，身穿由动物皮毛或是鸟类羽毛制成的长袍。那些带有明显游牧民族色彩的萨满巫师也通过祈求神灵来聚集动物，为了能够在部落捕猎时助其一臂之力。在萨满教里有男萨满和女萨满。但是有趣的是男萨满和女萨满之间经常会发生性别转化。两性萨满的转化只是服饰上的转化，生理并不会有变化，因此，学者们称这种转化为"服饰转化"。

在性别转化中女萨满转化成"男"萨满的例子非常罕见。近、现代学者记载的女萨满转化为男萨满的例子很少。其中之一是：一个身为寡妇的女萨满，已有了自己的子女。但是在获得"精灵"的指令后，她剃去了头发，穿上男装，嗓音也变得像男子一般深沉浑厚，并且在极短的时期内掌握了男子从事的标枪投掷和步枪射击法。最后，她要求结婚，并且找到了一个年轻姑娘做她的"妻子"。

男萨满转化为女萨满则是十分普遍的。西伯利亚东北部的楚克奇人称这种变性人为"软男子"或者"类女子"，意为转化成弱性者的男子。在楚克奇人中，这样的"变性"征状可归结为如下几个方面：

一、生活习性的改变。"软男子"改变性别后，会扔掉刀枪长矛，不再做牧放驯鹿等力气活儿，兴致勃勃地拿起针线，专注于女人的活计，并且在做女工活时掌握得非常快，因为据说精灵们在暗中帮助他们，甚至他们原来粗犷、浑厚的声音也会变得柔和纤细起来。他在体格上丧失男子的外表，在性格上则变得女性化。

二、服装的改变，即按照精灵的指令，穿上妇女的衣服。

三、萨满或者遵照萨满之命的病人，将其发辫装饰成妇女一般。

四、在某些情况下，"软男子"甚至会觉得自己真的完全变成了女人。他会寻找一个情夫，乃至嫁人。"软男子"嫁人后婚礼按照正常的仪式举行，这对新的"夫妇"也会像其他配偶一样持久地结合。"丈夫"打猎捕鱼，"妻子"从事家务。据说，他们实际上只是"精神夫妻"，双方往往各自偷觅情妇，并且生

△ 萨满教

儿育女。而每个"软男子"都有一个专门的庇护精灵，这个庇护精灵通常扮演着超自然丈夫的角色，也就是"软男子"的"精灵丈夫"。"精灵丈夫"是该家庭中的真正首脑，它通过其变性"妻子"向人们发号施令。而"软男子"的人类"丈夫"则不折不扣地执行所有这些命令，因为他惧怕受到"精灵丈夫"的可怕惩罚。变性萨满通常在与他关系密切的亲戚——如堂、表弟兄等中选择其"丈夫"。有时候，一个没有变性的男萨满除了自己的人类妻子外，也会有个"精灵妻子"。

对于萨满会变性别的行为，许多学者深表好奇，并且对这种现象进行了大量的研究。

有人认为这种性别转化的行为是一种教会习俗，由于最初的女萨满的巫术远远高于男性萨满，而且女性萨满居多，所以后来，男性萨满为了体现自己巫术的高超，便逐渐地开始进行性别转化。但这种说法并不能用来解释女

性萨满转变为男性萨满的原因，因此，这种说法不具有普遍性。

也有人认为这种性别的转化可能是为了达到阴阳结合，使巫术更加完善自然。

此外，还有人认为萨满变性极有可能是出于社会学方面的考虑。萨满巫师们拥有至高无上的巫术，在其他人眼里他们具有超强的非自然能力，他们就是神灵的化身，他们有改变、创造一切的能力。

从社会角度来看，萨满既不完全属于男性群体，也不属于纯粹的女性群体，他们是介于二者之间的特殊群体，他们即可以享有男性的特权，同时也可以享有女性特权。但是，萨满阶层与社会的其他成员间有着明显的界线。这条界线由许多禁忌构成，萨满巫师一旦违背这些禁忌，则就不再成为一名萨满。例如，当女萨满在怀孕和坐月子期间，就又归属于普通的妇女社团。萨满阶层中的成员既不属于男性社会，也不属于女性社会，很有可能他们进行性别转化时的最初动机是旨在突出萨满阶层的独特性，以维持其优于普通男、女社团的社会地位。然而，这种说法也仅仅是推测，并没有什么依据可循。

研究萨满性别转化让我们更加了解萨满教，但是要想弄明白其做法的真正原因，恐怕只有萨满巫师们自己才知道吧。

 黄帝埋在什么地方

中华民族最早的祖先究竟是谁，如今安葬何处，至今仍然是无法完全合理解答的千古难题。

在我国古代文献中，记载了距今四五千年前，许许多多有关的圣者贤人。他们多是我国原始社会末期为征服大自然、改善人民生活、推动人类历史进步而作出过杰出贡献的伟大人物或英雄好汉。其中，最著名的有黄帝、伏羲、女娲、神农、盘古、太昊、少昊、尧、舜、禹等。作为千千万万个为人民造福的英雄人物的代表，后人为了怀念他们，就把他们当做中华民族的远古祖先，并且在我国许多个省区，为他们修建了众多纪念性的陵墓。同一个人的陵墓甚至有好几个，分布在多个不同的地区。例如，黄帝陵不仅陕西有，河南、河北、甘肃等省都有，而且仅陕西就有两处。

为什么会造成这种复杂甚至矛盾的现象呢？这是因为，实际上，这些英雄人物的具体情况如何，谁也说不清楚，根本上也没有人弄清楚过，历史上也多是根据传说、甚至神话记载下来的。至于他们死的情况和埋葬的地点，各种文献更是记载不一，众说纷纭，模糊不清，有的显然是出于后人的附会。

或许这些人物有的可能确有其人，而在传说的过程中不断加以附会、夸大，有的可能只是某个部族的象征。根据我国社会发展的实际状况和前述墓葬发展的过程推测，那时还不会有现在这样的高坟大墓，更不会有陵园祭祀性建筑物。现存的陵园及其建筑，显然都是后人修建的纪念性陵墓。

今天，传说中的中华民族的祖先，如三皇五帝，都有后人修建的纪念性陵墓。在这些陵墓中，尤其是以黄帝陵最为著名。

据传，黄帝姓公孙，名轩辕，号有熊氏，以土德称王。因土为黄色，故

△ 位于陕西省黄陵县城北桥山的轩辕黄帝陵

名"黄帝"。在远古时代，他是陕西北部黄土高原一带的部落首领。后来，他率领部落迁居到河北涿鹿附近。黄帝以他杰出的才能，鼓励农桑，创制车船，打制兵器，发明文字、音律、医术、算数，为人民做了许多好事，受到人们的崇敬和爱戴。他在开发黄河中下游的过程中，逐渐融合了周围的一些部落，基本上统一了中原，形成了华夏族，奠定了中华民族赖以生存的基石，因而被尊为中华民族的始祖。相传黄帝在位百年，110岁而终，葬于今陕西黄陵县北桥山。

关于黄帝的葬地，西汉史学家司马迁在《史记·五帝本纪》中载道："黄帝崩，葬桥山。"《史记·封禅书》中还记载汉武帝于元封六年（公元前105年）冬北巡朔方后，曾到桥山祭奠黄帝陵。作为与汉武帝同时代的司马迁及其所写的《史记》，应该说，有较强的可靠性。如此说来，桥山黄帝陵至今最少已有2000多年的历史。

关于黄帝陵的修建，历史上有这样一个美好的传说：黄帝有一天出巡河南，眨眼间晴天霹雳，乌云翻滚，暴雨滂沱，一条黄龙腾云驾雾从天而降，对黄帝说："陛下的使命已经完成,请随我归天吧。"黄帝迫不得已,只好跨上龙背。当黄龙飞到桥山时,黄帝怀念百姓,请求黄龙下降。周围百姓听说黄帝要归天,纷纷赶来围住他,有的抓住衣带,有的拉住黄帝的鞋子,苦苦挽留。但在黄龙的催促下,黄帝只好把衣冠留下,恋恋不舍地道别百姓。后来人们为了铭记黄帝的恩德,就把衣冠葬在桥山,黄帝陵衣冠冢就是这样修建起来的。以后,历代民众都来祭奠黄帝陵,也就并不在乎它的真伪,而只注重它的实际象征意义。

桥山之上的黄帝陵,现高3.6米,周长48米,有砖墙围护。南面立有明代"桥山龙驭"石碑,再南有四角飞檐祭亭一座,亭内有郭沫若手书"黄帝陵"碑刻。亭前有两座高约10米的土台,相传为汉武帝远征朔方凯旋经此为祭祖求仙而筑。桥山脚下有黄帝庙,占地约8000平方米。

据载,轩辕黄帝庙始建于汉代,后重建于唐代,宋至今多次重修。庙殿建筑四周有砖砌围墙,正门面阔五间,红柱飞檐,门额高悬"轩辕庙"三个金字横匾。前院过厅三间为祭碑厅,里面保存了历代尤其是明清以来帝王御制祝文和各代重修及保护陵庙的碑刻70余块。厅后大殿,即祭殿,是轩辕庙的主体建筑,面阔七间,单檐歇山顶,周有回廊,前有月台,正中门上方悬挂中国现代史家陈垣书"人文初祖"匾额,殿中供"轩辕黄帝之位"牌位,两旁陈列有关黄帝生平事迹的记载、传说等有关资料。庙内古柏参天,最大一棵高达19米,下围10余米,传为黄帝亲手所植,故称"轩辕柏"。殿西一株稍小古柏,鳞斑点点,相传是汉武帝征朔方归宋在此驻跸挂甲所致,故名为"挂甲柏"。

如今,整个桥山都掩映在紫柏苍松的林海之中,越发显示出青山秀水的古朴典雅。因此,《管氏地理指蒙·乾流过脉》曾载:"黄帝葬于桥山,在大河之南,脉自积石逾河,衍者丰饶而广被也。"意思是说,黄帝葬在龙脉之上,福泽江河,由他繁衍的后世子孙都会荫其恩德而丰饶,大河南北,中华民族的摇篮之地,都会受到黄帝所葬龙脉宝地的荫佑。

中外历史文化悬疑大揭秘

包公为什么有两座墓

据考古界报道，包公及其夫人董氏墓、长子夫妇墓、次子夫妇墓、孙子包永年墓，十几年前都在安徽省合肥市东郊大兴乡双圩村的黄泥坎发掘出来了。淝水岸边出土的墓志铭确凿地记述了包公的生平，补充和修正了一些史实。

但是，在河南省巩县宋真宗的永定陵附近，有一座高约5米的圆形冢墓，还有一个包公墓，这个陪葬真宗陵侧的包公墓相对更加为世人熟知。一个包公，为什么两座墓葬？如果合肥包公墓是"真"的，那么巩县的包公墓是怎么回事？

包公是我国古代一位杰出的政治家，姓包名拯，字希仁，祖籍庐州（今安徽）合肥。宋仁宗天圣五年（1027年）考取进士甲科，从而走上仕途，由建昌、天长县令而历任工部员外郎、枢密副使、朝散大夫，直至封为东海郡开国侯而病逝，终年64岁。

从《宋史》的记载及一些宋元野史材料来看，包拯其人在出任县令至枢密副使的一生中，秉性刚毅、处事严明，重视调查研究，坚持惩恶扶善，深得下级官吏和百姓的一致好评。在合肥出土的包拯墓志铭中，也记载了他以大义为重，不惧贪官豪强，并敢于上书皇帝查办枉法权贵的事迹。他策论国事能高瞻远瞩，讲究让百姓"衣食滋殖、黎庶蕃息"，主张"薄赋敛、宽力役、救灾患"。在他管辖过的地区，不断修改地方法制：一方面废除了一些苛捐杂税；另一方面加强市场管理、惩办贪官污吏，以增加国库收入。他重视调查研究，执法如山，自身清白廉洁，不谋私利，因而得到人民群众的尊敬与赞扬。

1050年，包拯升任天章阁待制，担任了谏官的职务。包拯在谏官任上披沥肝胆，冒犯威严，不知忌讳，不避怨仇。张尧佐是张美人的伯父。张美人长得漂亮，又善于逢迎，很受仁宗的宠爱。她一心想当皇后，有一次还向曹皇后借用皇后的车盖仪仗，打算出门时使用，以满足她的虚荣心。1048年正月的一天晚上，崇政殿亲从官颜秀等人阴谋搞宫廷政变，事平以后，张美人第一个赶到仁宗的寝处。仁宗认为她有护驾的功劳，借此机会封她为贵妃。张尧佐凭借侄女的力量，也当上了三司使。不久，仁宗加封张尧佐为淮康军节度使、群牧制置使、宣徽南院使、景灵宫使。诏书一发布，朝廷内外都感到震惊。

虽然满朝哗然，但上奏章的只有包拯一人。包拯在奏章中怒责张尧臣是朝廷的污秽，白天的鬼蜮，指斥执政大臣只知阿谀奉承，仁宗"失德败德"，并和仁宗当面争辩，言辞激烈，吐沫都溅到仁宗的脸上。由于包拯不屈不挠的争谏，宋仁宗"感其忠恳"，削去了张尧佐宣徽南院使、景灵宫使两职，还作出外戚不得担任军政要职，干预国家大事的规定。

王逵是一个恶名昭著的酷吏。他任地方官时，飞扬跋扈，随意增派苛捐杂税，一次就多收了300000贯。他把搜刮来的钱财，进奉朝廷，博得朝廷的欢心，却坑苦了当地的老百姓。他任京湖南路转运使时，许多老百姓被迫逃到少数民族地区。王逵怀疑前任洪州知府卞咸告发过他，就制造冤狱，逮捕了卞咸，被牵连的人，竟有五六百之多。包拯调查了解了这件事，上书弹劾，要求罢王逵官职，由于包拯七弹王逵，据理抗争，仁宗只好罢免了王逵转运使的职务。

1057年，因为包拯执法如山，不避权贵，不讲情面，断案主持公道，明辨是非，朝廷任命包拯为开封知府。开封知府是一个相当重要的官职，北宋政府往往选派亲王、大臣兼任。今天开封城内西南角，有个地方叫包府坑，这是北宋时期开封府署和包公祠的所在地。因为在明朝末年，为了抵抗李自成的起义军，明军扒开黄河大堤，淹了开封城，结果开封府署和包公祠也都被冲毁了，只剩下一潭清水。人民为了纪念包拯，就把这个大水坑叫做包府坑，一直沿袭到现在。

包拯所处的时代，正是北宋王朝由盛转衰的阶段。北方契丹族建立的辽王朝屡次兴兵南犯,宋朝统治者却只求歌舞享乐。后来南北议和,边境没有多少战事了,从中央到地方的官僚地主更加在歌舞升平中沉沦,毫无富国强兵之念。日趋腐败的吏治不惜造成了大批冤假错案,百姓怨声载道。在那黑暗的社会中,人世间魑魅横行,群众有苦难伸。在这种社会背景下,包公的所作所为,必然有口皆碑。合肥包公墓志为当时枢密副使吴奎撰写,称他"其声烈表爆天下之耳目,虽外夷亦服其重名。朝廷士大夫达于远方学者,皆不以其官称,呼之为'公'"。这就是包公的由来,可知"包公"是包拯在世时人们对他的敬称。

真正的包公墓在合肥市东郊,已成定案,这不仅有考古发掘的材料为确证,而且有宋代庆元年间淮南西路安抚司干办公事林至撰写的《重修孝肃包公墓记》等文献为印证。河南巩县宋陵中的包公墓虽然冢大碑高,也必然是一个"假"墓。但是,问题并不这样简单。

因为,在合肥包公墓正式考古发掘之前,人们普遍认为巩县包公墓是"真"墓,不仅有很高的封土和墓碑,而且地方史志均有记载,明代嘉靖三十四年修《巩县志》即载包拯墓位于县西宋陵中,清代顺治以后各时期版《河南通志》皆承袭旧说,可见明初就已存在这个包公墓,至少经历五六百年。现在,人们不禁要问:巩县包公墓究竟修于何时,为什么要建这个包公墓,里面到底埋葬着什么?它和合肥墓是什么关系?

这一系列问题,至今尚难于回答。

巩县包公墓修于何时,很难考证。现存关于此墓最早的记录是明朝嘉靖年间的县志,可知修建的时间不晚于明代中叶。元、明两代史籍对此均无说明。既然如此,为什么要修这座墓,里面究竟埋葬着什么等也就无从得知了。

包公为什么有两座墓,这是"千古之谜",而合肥包公墓地出土的材料同时又给历史学家们提出了许多新的问题,成为"谜中谜"。比如,在墓地中轴线的西南部,有一较大的封土堆,高约4米,底径10米,整个外形略大于包拯夫妇迁葬墓。从这个封土堆的地表再往下深挖3米,都是一色的生土,可知这个土堆是典型的"疑冢",包公墓为什么设此"疑冢",它是什么时代修建的?实在耐人寻味。

西王母宫之谜

泾川县城以西约半公里处，紧靠公路有一形似金字塔拔地突起的山，叫"回山"。相传回山是西王母降生下凡之处。回山南麓有瑶池，泉水翻涌，古木参天，传说是西王母夜宴周穆王和汉武帝的地方。从西汉元封年间起，就有人在回山修建宫殿庙宇，以祭祀西王母之灵。据《太平寰宇记》记载："王母乘五色云降于汉武，后武帝巡郡国，望彩云而祠之。而云浮五色屡见于此，因立祠焉。"可见，回山建王母宫，与汉武帝六次亲临泾川是分不开的。

"西王母"在道教文化中有相当高的地位和十分广泛的影响。相传她与"东王公"分别是管理西半天和东半天的神灵。有典籍记载，西王母姓杨名回，还有的典籍称西王母居于"回屋"。由此理解，西王母之邦也叫"回之邦"。"回"即是西王母古国的别名。泾川处于古西王母国的中部，亦称回中。

在早期传说中，西王母身形似人，但长着豹尾、虎齿，常常引颈长啸，身边有三青鸟专门侍奉。这从回山脚下崖壁上一幅大型浮雕中可以得到证实。这幅浮雕高约5米，长约10米，顶部有"回中降西王母处"七个大字。整个图案是一个蹲坐、双手着地、披发虎齿、裂嘴炫目的凶怪人像，这就是最早传说的西王母形象。王母两旁各有一个半裸的女性和旌旗拥戴的王公形象，这便是西王母会见周穆王、汉武帝的传奇故事。空间部分刻有三青鸟等纹图。整幅浮雕的刻绘艺术高超，显得古朴典雅，艺术价值很高。浮雕前方有一幅西王母大型雕塑，束发披肩，长衣博带，雍容华贵。像高3.5米，座高2米，座上塑有一只长约3米的卧虎，王母安详地端坐在虎背，举止显得从容不迫，落落大方。

唐宋以后，西王母逐渐被俗称为"王母娘娘"，东王公也被演变成"玉皇大帝"。他们成了共同掌握天庭大事的一对夫妻，享有至高无上的权力，继续受到人们的尊敬和崇拜。在回山，每年3月20日是古回山王母宫奠基动工纪念日，7月12日是西王母诞辰纪念日。

2000多年来，回山王母宫屡建屡毁，屡毁屡建，香火从未间断，规模也日渐宏大。从清光绪七年《共成善果》册中的宫殿绘图看，当时已有西王母大殿（正殿）、三清楼、玉皇大帝殿、文昌殿、三皇殿、五帝殿、五阁君殿、子孙宫、望河楼、周穆王庙、汉武帝庙，以及众多的道房、留客处等数十处建筑。可惜这些建筑到清代同治二年毁于战火，被焚烧殆尽。1992年农历7月12日西王母诞辰纪念日，泾川县在海内外各方各界的大力支持下，举行了重修回山王母宫开工庆典。相信在不久的将来，重修的回山王母宫定会以新的姿态展现在世人面前。

王母宫石窟位于回山脚下，是北魏太和年间（公元477～499年）开凿的佛教遗存，与西王母的圣迹没有任何联系。只是腹地石窟位于回山王母宫脚下，后人便称其为"王母宫石窟"。

王母宫石窟是中心塔柱结构的大型石窟。窟表为四层凌云飞阁，依山傍壁，悬空兀起，宏伟壮观，使人一见就不由联想到佛祖的至高无上。窟洞深10米，宽12米，高11米，中间有一个6米见方、直连窟顶的塔柱。塔柱四周和窟壁三侧，分三层共雕有大小各种造像200余尊，大的1丈有余，小的不足1尺，造型精美，形象逼真，既有神情肃穆的佛祖，也有端庄俊秀的菩萨；既有生动的"飞天"，也有勇猛的"力士"；既有敦厚的"大象"，也有神秘的"长龙"，真可谓丰富多彩，琳琅满目，犹如进了一个无价的宝库。

说到西王母宫又不能不说到瑶池。回山南麓有一源头环抱、绿树掩映、山泉流淌、宛若仙境的去处。相传这就是当年西王母夜宴周穆王和汉武帝的瑶池。据《穆天子传》记载，英俊的周穆王乘车到各地漫游，一天来到天山博格达峰下的西王母国，西王母在风景美丽的瑶池设宴款待他。一时鼓乐齐鸣，歌女们跳起了动人的舞蹈。周穆王赠给西王母大批中原特产和锦绸美绢，西王母也回赠当地的奇珍瑰宝。临分手时，西王母又举行盛大宴会，并

△ 王母宫石窟

即席弹琴作歌曰:"巍巍瑶池兮鼓乐鸣,鼓乐鸣兮侍嘉宾。侍嘉宾兮歌声浓,歌声浓兮上九重。上九重兮上九重。上九重兮君长寿,君长寿兮何日来?"歌声真挚,琴声悠扬,周穆王也落下了几滴惜别之泪。

泾川的瑶池沟崖相通,泉井相连,浓荫蔽日,清水满盈,树林中耸立一座双顶亭,四面畅轩,中有泉井,水从井壁石雕的龙口流出,叮咚作响,沁人肺腑。若当月映中湖,倚亭而坐,啜酒听琴,定会有飘然若仙之感。

# 孙权故里之谜

三国时候东吴的最高统治者孙权祖居地龙门位于风光旖旎的富春江畔。相传，孙权的祖父孙钟是个孝子，以种瓜为业奉养老母。由于他的忠孝感动了天帝，派三仙下凡点化孙钟。一天，三个翩翩少年来到孙钟瓜地里向孙钟讨瓜吃，孙钟毫不吝惜地摘了几个大瓜送给他们。少年吃完瓜后对孙钟说："你向前走100步停下来，那里若作为你的墓地，子孙必大富大贵。"孙钟半信半疑向前走了30多步，便停下来，回过头去看看，那三位少年已化作白鹤飞入云端。孙钟再想往前走，已经迈不开脚步，孙钟后悔不已。死后，家人依照他的遗言，在瓜地边营葬。后来孙权虎踞江东，建立吴国，终因孙钟没有遵照仙人的指点走完100步，以误孙权只能获得天下的1/3。现瓜地边还有记载孙钟种瓜经历的"集善亭碑"，保存完好。

龙门是距杭州仅50余公里的一个古镇，它也是以孙氏血缘为主的全国最大的孙权后裔聚居地。在2平方公里的土地上，聚居着2600余户、7000余人口，其中90%以上的村民都姓孙，这里是按孙氏世系组织聚居的庞大自然村落。更可贵的是，历经战乱和社会的变迁，龙门仍较完整地保留着罕见的明清古建筑群，清晰而完整地记录古镇历史的变迁和发展。

龙门坐落在仙霞岭山脉的龙门山的山下盆地。明、清时期，是浙东通往浙西、浙中通往浙北以至苏南的陆路交通重镇，明嘉靖至清康乾盛世，龙门孙氏子孙人才辈出，这一段时期是孙氏家族的极盛时期。后来由于铁路交通的逐渐发展、商业经济中心北移，龙门亦逐渐衰落。但从龙门那些古朴沧桑的建筑里，仍可窥见当年孙氏家族的兴盛与繁华。

无疑孙家是三国时代发迹的，是当时最显赫的家族之一。所谓"乱世出英雄"，孙权年仅18就称为江东的最高统帅，即便是在浪淘尽英雄智士的三

△ 孙权故里

国时代，也是一位不可多得的人才。他特别善于审时度势，孙权明白，北方的曹操雄锯中原，其势难当，久有吞并孙、刘统一全国之意。孙、刘两家，不论是谁都无法单独与之抗衡。在此形势下，孙权决定与刘备结盟，除将荆州数郡借给刘备外，并把自己16岁的妹妹许给他。这个联刘抗曹的决策，在赤壁一战中显示出威力。赤壁大战，孙、刘联军能以50000人马战胜曹操的十五六万大军，决非偶然，它与孙权呕心沥血、善察局势、艰苦创业有很大关系。

当年曹操曾感叹地赞扬说："生子当如孙仲谋！"可见孙权的才能确实出众。曹丕称帝后，孙权上表称臣，曹丕封他为吴王。事后曹丕问他的使臣赵咨："吴王何等主也？"答："聪明仁智雄略之主也。"问："何以见得？"答："纳鲁肃非凡之人品，是其聪也，拔吕蒙于行阵，是其明也，获于禁而不害，是其仁也，取荆州而兵不血刃，是其智也，据三州虎视天下，是其雄也；屈身于陛下，是其略也。"这段对话，还是比较符合实际的。

孙权虽不及曹操的"唯才是举"和刘备的"三顾茅庐"为人津津乐道，但在创业中孙权十分懂得"得贤则昌，失贤则亡"的道理，他统治江东52年，是和他得贤佐助有关。18岁的孙权，一上台就注意广纳贤士。他特意开设纳贤馆，命顾雍、张绌等接纳八方贤士组成自己的智囊团。云集孙权麾下的海内名士，如张昭、顾雍、周瑜、鲁肃、诸葛瑾、吕蒙、于禁、甘宁、程普、黄盖、韩当、陆逊、周泰等，才智都得到发挥，可谓群英荟萃，都为孙权的创业立国建立了大功。

在用人上，孙权毫无偏见，他本人英气勃勃，也特别善于起用朝气蓬勃的年轻人。赤壁之战，从某种意义上说是年龄上的较量。周瑜当年34岁，鲁肃37岁，吕蒙、徐盛、丁奉也都是血气方刚之年，而对方主帅曹操已是半百有余了。夷陵之战，孙权任用年仅20多岁的陆逊为总指挥，当时许多元老重臣如张昭、顾雍，极力反对陆逊挂帅，说他年少幼稚，非刘备对手，必误大事。但孙权知人善任，坚决重用了陆逊。后来陆逊果建奇功，才使群臣住口。

然而，得志之人，如能始终如一，保持创业精神，是国家的大幸，只可惜很少有善始善终者，有其处在万人之上的位置，很难一直保持清醒的头脑，孙权的晚年渐渐变得刚愎自用，对臣横加猜忌。在处事上也变得少采众议、寡断独裁，长期专权，没有栽培好继承人，使吴国的政治每况愈下。

孙权之孙孙皓即位之初，头脑清楚，言谈机智，处事果断。如果继续保持谦诚，从流纳谏，重用贤臣，必能和西晋长期相持，可望统一全国。晋国虽大，但统治阶级腐朽无能，军事上也不及孙、吴训练有素。孙皓凭这个有利条件，吞掉西晋做全国之君是有可能的。然而，孙皓后来劣性难改，六亲不认，加速了吴国的灭亡。

孙皓好酒，有百觚之量，此为国家不幸之兆。孙皓自己好酒不说，又常以酒宴会公卿，每次酒宴就是一整天。凡举行酒宴，公卿大臣被强制出席，不管会饮与否，都以七升为限，喝个酩酊大醉。酒醉后，孙皓专使黄门郎盘底问根，以揭众卿之隐私奚落，还令诸臣互相揭短，以此取乐。群臣酒后忘情，丑态百出，未免有失君臣之礼，孙皓则以不敬之罪令黄门郎牵出，先挖眼目，后剥面皮，弄得死活不得。在孙皓时期，大臣及皇族几乎被他杀光，众卿一闻酒宴，面无人色。有这样的国君，不灭亡才怪呢！

就是这两位国君，既给孙家带来了崇高的声望，也给孙家带来了不幸。不过，这个江南巨族毕竟根深蒂厚，共同的家族传统和浓厚的家风，让这个曾经辉煌的大家族又兴旺起来。经过了一千多年的积淀，到明清时候，孙权的故里已经建造了六十多座厅堂、两座祠堂，历经战乱保留比较完整的还有四十余座厅堂、两座祠堂、三个门楼。这些古建筑记录了孙氏家族历史演化的风貌，蕴含着丰富的文化内涵。它是随着孙氏家族的繁衍在原有的空间上逐年推进、层层扩展，因此厅屋环绕、墙檐相连，厅前屋后，互相通达，狭巷小弄，密如蛛网。外人进入，穿堂入室如堕迷宫、东西莫辨。"下雨天串门不湿鞋"，就是对这种情形的极好写照。

由于以共同的血缘聚族而居，四周筑有高墙、形成封闭式的"厅屋组合院落"，这是龙门古建筑群突出特色。"厅"与"堂"原是不同的建筑单位，"厅"在前、"堂"在后，也叫前厅后堂，厅是重大的祭祀庆典活动场所。

一般来讲，一个村的聚落形态里，同宗血缘而组成的宗族社会组织，只有一座祠堂，而龙门却有余庆堂与思源堂两座祠堂。据传早先龙门孙氏只有一个几十平方米的香火堂，是供奉孙权祖父孙钟的，称"孙处士祠"，地址在现余庆堂东，建筑年代应在宋元间。后来龙门第十六世孙坤，为明成祖时工部清水吏司主事，曾为郑和下西洋督造巨舰作出贡献。孙氏后裔为缅怀先祖的懿德，也供奉孙坤，故也称孙水部祠。龙门所以有两座祠堂，主要是人口逐年增多，支派繁衍，这样小的孙处士祠已不能适应宗族活动的需要。

龙门古镇以其庞大有序的古建筑群，述说着一个家族上千年来生息繁衍的故事。任何一个家族都有起有落，有兴旺的时候，也有衰败的时候，从中我们可以看到世事无情的变迁。

夏朝的文化遗址究竟在哪里

对夏文化的认识，一直是历史学界和考古学界所研究的重大课题，多年来一直是一个未解的悬案。这个显赫14代17王，近5个世纪之久的奴隶制王国，既有文献记载，又有人间传说，难道没有给我们留下一点历史痕迹吗？自禹至桀的漫长岁月里，其都城建在何处，考古界正努力去寻找，研究者力图把文献记载与考古发掘相结合找出正确的答案。

解决夏墟问题，必须要先解决夏文化问题，在解决夏文化问题之前，首先还要了解清楚夏文化人民活动的范围。

根据文献记载推测，夏人活动的大体范围，西起河南西部和山西西南部，东至今河南、河北、山东三省交界的地方，南接湖北，北入河北，夏朝的统治中心在今河南西部、山西南部地区，看来夏文化在中原历史舞台上无疑十分显赫。

文献中有较多的记载着"禹居阳城"的说法。《孟子·万章上》："禹居阳城。"《世本·居篇》："禹都阳城。"（《汉书·地理志注》颍川郡阳翟县下引）"夏禹都阳城，避商均也"。（《史记·封禅书·正义》引《世本》）《史记·夏本纪》："禹辞避舜之子商均于阳城。"

另外，文献中也较多的记载着"禹居阳翟"的说法《史记·周本纪·集解》引徐广曰："夏居河南，初在阳城，后居阳翟。"《史记·夏本纪·正义》引《帝王世纪》云："禹受封为夏伯，在豫州外方之南，今河南阳翟是也。"《元和郡县图志》卷五河南府阳翟县条："阳翟县本夏禹之所都，春秋时郑之栎邑，韩自宜阳移都于此。"又据《史记·封禅书》《正义》引《世本》云："夏禹都阳城，避商均也。又都平阳，或在安邑，或在晋阳。"《史记·孙子吴起列传》："夏桀之居，左河济，右泰华，伊阙在其南，羊肠在其北，修政不仁，汤放之"。

看来，夏禹之都大体上不会超出以上范围，但是史书上所载地名，与现实地名出入甚大，后人说法纷纭。例如阳城，一说在颍川郡阳翟县（今河南禹县）；一说在嵩山南（今河南登封县）；一说阳城就是唐城（今山西翼城县西）；一说阳城在泽州（今山西晋城）；另外还有阳城在大梁（今河南开封）的说法等。

△ 夏墟

《国语·周语》，清代洪颐煊《筠轩文钞》有《禹居阳城考》，论述甚详。近年来，在属于阳城地望的河南登封境内，发现了我国目前最早的城堡之一——王城岗城堡遗址。但是，要确定一处京都，首先要解决的是夏文化问题，只有确立了夏文化，才能集中到探索夏都的范围上来。

早在20世纪40年代，有人认为仰韶文化是夏文化，也有人认为龙山文化是夏文化。只因当时积累的考古资料有限，研究者只能作一般的推测。自1959年进行的"夏墟"调查，才正式展开了对夏文化的探讨工作，进一步把夏王朝的疆域集中到河南境内的豫中、豫西，山西境内的汾河中下游，特别是汾、浍、涑以及沁、丹水流域。近年来，随着考古资料的不断积累，学者们也作了大胆的探讨，提出河南龙山文化晚期和二里头文化一二期为夏文化遗存；有人单独把二里头文化一二期列为夏文化遗存；还有人把二里头文化一至四期列为夏文化遗存。

河南登封王城岗遗址的发掘，不少人认为所谓"禹居阳城"与今日王城岗有一定的关系，并认为王城岗遗址的发掘是夏文化探索的重要收获。文献记载中禹与阳城的关系是密切的。而王城岗遗址所在地理位置与文献记载中的夏都阳城基本吻合，但是，一个文化的确立，特别是一处奴隶制王国都城的确立，都应具有令人信服的材料。夏鼐先生认为，关于夏都问题，"一般的探讨过程中，是先确定遗址属于某一王朝，然后再确定它是该王朝的京都"。又说，"如果这遗址属于是夏文化，也仍有是否有都城的问题"，"所以，这里首先要解决的是夏文化问题"，一旦夏文化解决了，夏墟之谜也就不难而破了。

根据文献记载来看，夏朝的都城与商朝一样，曾多次迁徙，但可以看出，夏朝的都城始终围绕着以河南西北部和山西西南部这两个中心。《左传》定公四年杜预注："夏墟，大夏，今太原晋阳也。"定公四年，"命以《唐诰》，而封于夏墟。"由此而产生了夏墟位"晋中太原"说和"晋西南"说。由于史书中对夏墟地址的记载比较分散，传说较多，而且夏文化遗址的分布也较普遍，故缺乏足够的材料加以论定。应该提及的是，夏王朝活动的中心和夏王朝统治的区域应该轻重分开，在探索夏墟问题上，应该从大范围集中到中心方面来。不管禹居阳城，或阳翟，或安邑，或晋阳，当然都是有可能的，但是，被禹所居过的地方，不一定就是夏朝的都城，另外，夏王朝是否在此建都，还应与有无大型或典型夏文化遗址的材料相印证。

所以，如果用更加开阔的目光来探寻这个问题的答案，也许，夏人的文化源头应该到具有游牧民族特点的北方细石器文化中去寻找，这样可能会得到意想不到的结论。

在中国北方，主要是长城以北，从东北沿内蒙古草原到西北的宁夏、甘肃、新疆以至藏北高原，以细小打制石器为特征的细石器文化，是北方新石器时代的主要文化。它们的特征一致，地域相连，统一构成了我国北方草原、沙漠、高原地带从事农牧和狩猎的古代民族的大文化，考古学上称它为"北方细石器文化系统"。

所谓细石器，指采用天然石髓、玛瑙和燧石制成的细小石器，常见种类有石核、石叶、石钻、石镞等，具有轻便、适合携带的特点，可以适应迁徙不定的游牧生活。所谓细石器文化，也并不是只有细石器，也包括大型打制和磨制石器，只是所占比重较少，故用细石器概言之。细石器文化也使用陶器，皆手制，质粗形简，器面多"之"字形纹。骨器有骨刀、鱼镖、骨锥等。

北方细石器文化主要遗址有：

昂昂溪，在黑龙江齐齐哈尔附近。

林西，在内蒙古昭乌达盟林西县锅撑子山。

富河沟门，在内蒙古昭乌达盟林东镇北70公里，乌尔吉木伦河东岸。

以上遗址地域相近，据张博泉推测，这类细石器属于东胡族文化，与鲜卑、乌桓、山戎先世有关。

小南山，位于黑龙江东部饶河县。

新开流，位于黑龙江东部密山县。

万里霍通，位于黑龙江东部桦川县。

以上遗址地域相近，据张博泉推测，这些属于肃慎族文化，与女真族、满族先世有关。

新乐（下层），位于沈阳市北郊。

红山，位于内蒙古赤峰市。

小珠山，位于辽东半岛以南的广鹿岛。

大口（元峁圪旦），在内蒙古准格尔旗。其一期遗存的陶器主要是泥质和夹砂灰陶，纹饰主要是篮纹和绳纹，也有少量附加堆纹和划纹。器形有罐、瓮、豆，也有细石器。年代相当于龙山文化，至于二期遗存，其年代要晚于夏商时期。

转龙藏，位于包头附近。其陶器与大口一期遗存相似，如篮纹的盆、罐，纹饰有篦点纹。有数量较多的细石器，在年代上应与大口一期遗存相近。

阿斯塔那，位于新疆吐鲁番县。打制石器中有刮削器、尖状器、砍砸器及磨盘、石球等。细石器有条形石片、刮削器、镞、石核。条形石片长1至3厘米，刮削器一般经精细加工，镞有柳叶形、桂叶形、三角形和菱形的。陶片全为砂质陶，器形有小口罐、瓮、钵等，纹饰有附加堆纹，压印的篦点纹、划纹。

萨拉乌苏，位于河套南部萨拉乌苏河（红柳河）沿岸。石器多偏细小，缺乏大型的打击石器，年代应为距今3.7万年至5万年左右。当时，此地气候温和，淡水湖沼星罗棋布，草木丛茂，活动着成群的鬣狗、披毛犀、诺氏驼、河套大角鹿、王氏水牛、原始牛、蒙古野马、赤鹿、普氏小羚羊等动物。

峙峪，位于山西省朔县，其特征是细小石器和小石片为主要成分，明确地发现了石箭头，说明当时已使用弓箭。哺乳动物化石以野马、野驴为多。峙峪动物群与萨拉乌苏比较，其时代大体同时或稍晚。

虎头梁，位于河北省阳原县。石器原料以石英岩为主，在各种形式的石核中，楔形石核占绝对优势。其中台面平而呈角形的，与萨拉乌苏文化中的相同；另一种是台面向石核的隆起的一面倾斜，为虎头梁所特有。这两种石核，对于研究中国华北以至东亚、东北亚、西北美的旧石器文化，以及说明这一广大地区细石器类型文化的起源问题，都具有一定意义。

许家窑，位于山西省阳高县。石器类型以刮削器为最多，其中一种短身圆头刮削器，小圆弧形的刃经过精细加工，与后来细石器遗存中"拇指盖刮削器"有着继承发展的关系；一种原始棱柱状石核，从打制的台面周围边缘剥落石片，是后来细

△ 许家窑出土的骨器

石器中常见的典型棱柱状石核的母型。遗址中共存的哺乳动物化石有诺氏古象、野马、披毛犀、河套大角鹿、普氏羚羊、原始牛等动物。采用铀子系法测定许家窑遗址动物牙齿化石，年代为距今10万年左右。研究者认为，许家窑——峙峪——虎头梁，地域上互相邻近，制作技术同属华北以小石器为显著特征的文化系统，当时代表了这一支具有连续性发展序列的文化上的几个重要环节。

细石器的存在和发展是与狩猎业密切相关的。许家窑人主要以狩猎野

马、野驴为主，在其遗址中，仅野马一类骨骸就发现了300多匹。猎物的增加，促使相应的小石器大发展。"因为日渐增多的猎物要求人们必须改进剥皮工具，一方面是对石器的刃部精细加工，使其更加锋利，以提高剥皮速度；另一方面则要增加器物的种类，以适应各部位剥皮的需要。"细石器中最多的工具是刮削器，就是专门用于割剥兽皮的。许家窑人还发明了石镞，尖端周正、锋利，并带有短柄，可以绑在木杆上组成箭。许家窑人的后裔峙峪人也使用弓箭，在峙峪遗址中发现的动物化石，野马达120匹，野驴为88匹。峙峪人和许家窑人一样，都是善于猎马的氏族，因而被人们称为"猎马人"。

以上地区皆属殷商时代鬼方、土方、舌方的活动范围。直到春秋时期，山西和河北北部仍是戎狄之地，由此我们推断，这一地区的细石器文化都是北狄人或夏人的文化。在所有这些细石器文化中，以山西省北部的许家窑文化最为古老。若要寻求夏文化的源头，晋北的许家窑可能是最恰当的选择。

近年来，在蒙古和西伯利亚地区，曾出土为数众多的青铜短剑和铜刀，其中呈曲柄或曲刃的一种最具民族特色，柄端呈龙蛇状。这种装饰花纹，与中国河北、内蒙古地区出土的式样极其相似。其中鄂尔多斯发现的龙首匕，龙首张嘴，圆眼，蘑菇柱状角。其角与晚商金文中"龙"字的造型相同。龙身，以长方点状纹表示，属于蛇纹的写实状态。古代传说中的龙，是一种类似蛇和鳄鱼的爬行动物，以上出土的龙首形青铜短剑和铜刀，正是表现了龙的虚幻形象，是原始宗教动物崇拜的产物。夏人"己"姓，"己"正是蛇的象形，所以考古学家称这些龙首青铜兵器是夏族的文化遗存。西周以后，这种蛇纹青铜器发生变化，龙首简化，蛇纹变成了叶脉纹或网状纹，但仍然是蛇身的花纹和蛇脊骨的模拟。后来发达的鄂尔多斯式动物纹，主要的纹饰变为羊、鹿、虎和马等形式，就是在夏文化的蛇纹等动物纹的基础上发展起来的。尽管它在一定程度上受到夏、商文化的影响，但它绝不是夏文化，也不是商文化，显然自有来源。

史载夏的发祥地在崇山。《国语·周语》称："昔夏之兴也，融降于崇山。"又说："其在有虞，有崇伯鲧。"崇山到底位于何处？考古工作者在山西汾水下游及浍水流域之间，发现了龙山文化遗址多处，其中陶寺遗址被认为与夏文化有关，因为几座早期大墓中都出现了彩绘蟠龙盘，显然是夏族部落崇奉龙为神物的原始标志。陶寺位于崇山西麓。《读史方舆纪要》："崇山在（襄汾）县东南四十里，一名卧龙山，俗名大尖山，南北连亘长二十余里。"《史记·司马相如传》正义引张揖云："崇山，狄山也。"陶寺遗址正在古崇山下，是目前发现的晋南的一个大型龙山文化遗址，出土物品丰富且别有特色，不是中原他处同时期的文化遗址所能比拟的，在地理上，正与汾浍间的夏墟地理位置相吻合。崇山又称狄山，正指明了戎狄夏族人居此地。

《左传·定公四年》（前506年）说到周初封建的情形时称："分唐叔以大路、密须之鼓、阙巩、沽洗、怀姓九宗，职官五正；命以《唐诰》而封于夏墟。启以夏政，疆以戎索。"杜预注："索，法也。太原（指夏墟）近戎而寒，不与中国同，故自以戎法。"这表明，直到周初，晋地仍保存着戎狄的生活习惯，不得不根据其旧有风俗，以戎法治之。直到春秋时代，太原地区仍使用戎狄语言。这些证据说明，山西很可能是夏文化的发源地。

河南和山西，到底哪个更有可能是夏文化的遗址？相信随着考古事业的迅速发展和考古资料的不断积累，破译夏墟之谜，相信一定为期不远。